中国煤炭发展报告2022

应急管理部信息研究院
(煤炭信息研究院) 编著

应急管理出版社·北京

图书在版编目（CIP）数据

中国煤炭发展报告.2022/应急管理部信息研究院（煤炭信息研究院）编著.--北京：应急管理出版社，2022
ISBN 978-7-5020-9530-7

Ⅰ.①中… Ⅱ.①应… Ⅲ.①煤炭工业—工业发展—研究报告—中国—2022 Ⅳ.①F426.21

中国版本图书馆 CIP 数据核字（2022）第 177709 号

中国煤炭发展报告　2022

编　　著	应急管理部信息研究院（煤炭信息研究院）
责任编辑	闫　非　郭玉娟
责任校对	孔青青
封面设计	安德馨
出版发行	应急管理出版社（北京市朝阳区芍药居 35 号　100029）
电　　话	010-84657898（总编室）　010-84657880（读者服务部）
网　　址	www.cciph.com.cn
印　　刷	北京盛通印刷股份有限公司
经　　销	全国新华书店
开　　本	889mm×1194mm $^1/_{16}$　印张 $6^3/_4$　插页 4　字数 142 千字
版　　次	2022 年 11 月第 1 版　2022 年 11 月第 1 次印刷
社内编号	20221173　　　　　定价　300.00 元

版权所有　违者必究

本书如有缺页、倒页、脱页等质量问题，本社负责调换，电话：010-84657880

主　　任 张　勇

副 主 任 刘文革

委　　员 倪　坤　强　辉　刘　闯

编写人员（按姓氏笔画排列）

王　妍	王　晨	王　雷	王茜颖	叶　兰
叶旭东	冯宇峰	刘　闯	许红娜	孙瀚冰
纪少卿	李　华	李浩然	杨　芊	杨方亮
杨骅骝	张晓晴	张潇卓	周少统	侯超博
姜　琳	倪　坤	殷文韬	梁　壮	葛　彪
程　佳	强　辉	蓝晓梅	翟禹镓	

中国煤炭发展报告

　　《中国煤炭发展报告》是应急管理部信息研究院（煤炭信息研究院）重点研究项目，作为年度报告定期出版。自2004年首次出版以来，已出版《中国煤炭发展报告》16期。

　　《中国煤炭发展报告》以国民经济和社会发展趋势及宏观经济政策为背景，通过市场调研获得大量丰富翔实的数据资料；深入分析煤炭生产与市场动态，包括煤炭需求与供应预测、煤炭运输、煤炭市场、煤炭科学技术、煤矿安全生产、煤炭与环境、国内外煤炭供应平衡体系建设等，重点报道和研究当前煤炭行业的热点议题；同时对下一年度行业发展趋势进行预测，提出独家观点和对策建议。

　　《中国煤炭发展报告》的编纂出版，得到了有关政府部门、中国煤炭工业协会、有关研究机构、相关企业领导和专家的大力支持，受到业内人士的普遍关注，课题组对此表示衷心的感谢！我们将努力工作，不断提高研究质量和水平，以报答领导和读者的厚爱！

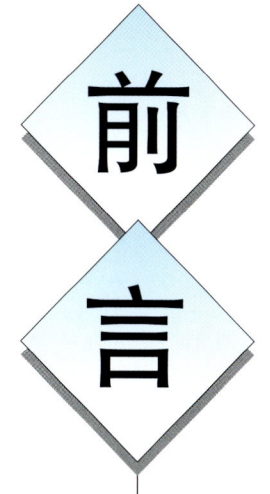

2021年，中国原煤产量完成41.3亿t，同比增长5.7%；煤炭生产重心继续向晋陕蒙地区集中，三省区原煤产量占全国比重的72.0%；煤炭供应结构进一步优化，大型现代化煤矿成为煤炭生产主体，平均单井规模提高到110万t/a以上；煤炭企业战略性重组步伐加快，前八家大型企业原煤产量占全国的49.1%；煤炭供应质量逐渐提升，全国原煤入选率达到71.7%；煤炭市场总体延续上升态势，煤炭消费量同比增长4.6%，电煤消费比重提升到63.1%；全国燃煤电厂总装机容量的76%完成超低排放和节能改造，建成世界最大的清洁煤电供应体系；煤矿安全生产形势持续稳定，煤矿实现事故总量、死亡人数和百万吨死亡率"三个下降"；矿区生态环境得到持续改善，矿井水综合利用率、煤矸石综合利用率、土地复垦率分别达到79.0%、73.0%和57.5%。自主创新能力显著增强、煤炭科技取得长足进步，大型煤炭企业采煤机械化程度提高到98.95%，29种机器人在煤矿现场实施应用，累计建成智能化采掘工作面813处，智能信息化水平显著提高。

2021年7月17日，国家发展改革委印发《关于做好2021年能源迎峰度夏工作的通知》，7月22日国家发展改革委办公厅、国家能源局综合司、国家矿山安监局综合司联合印发《关于实行核增产能置换承诺加快释放优质产能的通知》，要求加快推进煤炭优质产能释放，特别是晋陕蒙等重点产煤地区要带头落实增产增供责任，大型煤炭企业要发挥好表率作用，在确保安全的前提下按最大能力组织生产；鼓励符合条件的煤矿核增生产能力等。煤炭行业、大型企业认真落实党中央、国务院决策部署，主动承担社会责任，积极行动、稳价保供，以优质产能的核增、生产布局的优化等高质量发展为支撑，促进了煤炭供需平衡和煤价逐步回归理性，保障了能源安全稳定供应。

2022年是实施"十四五"规划、开启现代化新征程的关键之年。党中央、国务院高度重视煤炭工业改革发展，习近平总书记先后七次深入能源、煤炭企业考察调研，对煤炭安全稳定供应、清洁高效利用、采煤沉陷区综合治理、资源枯竭地区经济转型等各方面工作作出重要指示。煤炭行业深入学习贯彻习近平总书记关于推动能源革命的重要讲话精神，把思想和行动统一到习近平总书记重要指示精神和党中央、国务院决策部署上来，转变观念、自我革命，稳住规模、保障供应，创新机制、兜住底线，清洁利用、绿色低碳，科技引领、固碳循环，产业延伸、转型发展，加快构建煤炭产业新格局，持续推进煤炭行业高质量发展。

《中国煤炭发展报告2022》以2021年国民经济和社会发展趋势以及宏观经济政策为背景，通过市场调查获得大量第一手资料和数据信息，从中国宏观经济发展入手，对煤炭供需、煤炭运输、煤炭市场、煤矿安全生产、煤炭与环境、煤炭科技等方面的内容进行了深入的研究分析，并在此基础上提出2022年行业发展方向及相应的对策措施。《中国煤炭发展报告》是由应急管理部信息研究院（煤炭信息研究院）组织研究完成的一个反映煤炭行业改革发展成果、预测未来发展趋势的年度报告，每年定期出版，已经得到煤炭行业及相关部门领导和广大读者的认可。

报告的撰写工作，得到了中国煤炭工业协会相关领导以及各大煤炭企业高层人士和有关专家的大力支持与帮助。在此，课题组谨向对报告编写工作给予热情支持和帮助的有关单位领导和专家深表感谢！

本书编委会

2022 年 6 月 10 日

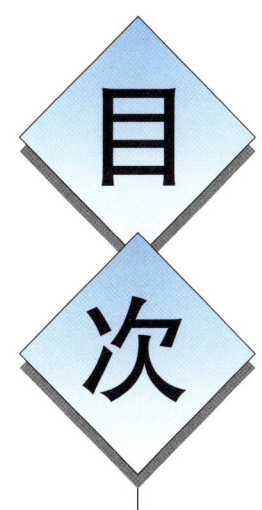

- 1 概述 (1)
  - 1.1 中国能源发展状况 (1)
    - 1.1.1 2021年中国能源发展特点 (1)
    - 1.1.2 2022年中国能源发展趋势分析 (4)
  - 1.2 中国煤炭发展现状与趋势 (6)
    - 1.2.1 2021年中国煤炭工业运行特点 (6)
    - 1.2.2 2022年中国煤炭工业发展趋势分析 (11)
- 2 煤炭消费状况 (14)
  - 2.1 2021年煤炭消费变化与现状 (14)
    - 2.1.1 煤炭消费总量回升、占比下降 (14)
    - 2.1.2 煤炭消费中西部增长较快 (15)
    - 2.1.3 煤炭消费结构进一步集中 (16)
  - 2.2 影响煤炭消费的因素 (23)
    - 2.2.1 宏观经济走势 (23)
    - 2.2.2 产业结构调整 (24)
    - 2.2.3 能源结构调整 (25)
    - 2.2.4 "双碳"目标约束 (25)
    - 2.2.5 煤炭消费结构变化 (25)
  - 2.3 2022年煤炭消费分析 (26)
    - 2.3.1 形势分析 (26)
    - 2.3.2 主要耗煤行业煤炭消费分析 (26)
    - 2.3.3 分地区煤炭消费分析 (30)
    - 2.3.4 主要结论 (30)
- 3 煤炭供给侧结构性改革 (31)
  - 3.1 2021年煤炭供应情况 (31)
    - 3.1.1 煤炭产量创历史新高 (31)
    - 3.1.2 生产集中度不断提高 (32)
    - 3.1.3 煤炭库存偏低、波动较大 (33)
    - 3.1.4 煤炭进口总量增长、进口国别调整 (34)
    - 3.1.5 煤炭价格由持续攀升到理性回归 (35)
  - 3.2 2021年煤炭产能结构与现状 (37)
    - 3.2.1 煤炭产能结构持续优化 (37)
    - 3.2.2 煤炭有效产能不断增加 (38)
  - 3.3 2022年煤炭供应分析 (39)
    - 3.3.1 产能预计提高到42.5亿t (39)

3.3.2 产量预计提高到 44 亿 t 左右 ······ (40)

4 煤炭运输 (42)

4.1 2021年煤炭铁路运输 ······ (42)
  4.1.1 煤炭铁路运量再创历史新高、全面完成保供任务 ······ (42)
  4.1.2 运煤铁路建设调整运输结构、完善运输格局 ······ (44)
4.2 2021年煤炭水路运输 ······ (45)
  4.2.1 煤炭水路运输作用凸显 ······ (45)
  4.2.2 煤炭水路多式联运蓬勃发展 ······ (50)
4.3 2022年煤炭运输发展趋势分析 ······ (51)
  4.3.1 煤炭铁路运输保持增长态势 ······ (51)
  4.3.2 煤炭水路运输相对稳定 ······ (52)

5 煤炭市场 (54)

5.1 2021年煤炭价格 ······ (54)
  5.1.1 我国宏观经济持续恢复带动国内煤炭需求和煤炭价格大幅增长 ······ (54)
  5.1.2 全球经济恢复带动煤炭消费增长和国际煤炭价格高位波动 ······ (55)
5.2 2021年煤炭进出口 ······ (57)
  5.2.1 我国煤炭进口持续增加、出口不断下降 ······ (57)
  5.2.2 我国煤炭出口规模较小且总量呈现持续下降 ······ (58)
  5.2.3 我国需求带动下煤炭进口量增长6.6% ······ (59)
5.3 2022年全球煤炭市场机遇和挑战并存 ······ (60)

6 煤矿安全生产 (62)

6.1 2021年煤矿安全生产状况 ······ (62)
6.2 2021年煤矿事故分析 ······ (63)
  6.2.1 全国煤矿安全生产形势总体稳定向好 ······ (63)
  6.2.2 国有重点煤矿事故占比大 ······ (64)
  6.2.3 煤矿水害事故较为严重 ······ (66)
  6.2.4 贵新青豫蒙陕晋事故占比达七成以上 ······ (66)
  6.2.5 违法违规生产仍是主因 ······ (66)
6.3 2021年煤矿安全生产有关政策法规情况 ······ (67)

7 煤炭与环境 (69)

7.1 煤炭与环境政策进展 ······ (69)
  7.1.1 "双碳"相关政策 ······ (69)
  7.1.2 产业相关政策 ······ (70)
  7.1.3 生态保护相关政策 ······ (71)
7.2 煤炭资源绿色开发 ······ (73)
  7.2.1 矿区生态环境面貌不断改善 ······ (73)

  7.2.2 绿色矿山建设持续推进 ………………………………………………… (73)
  7.2.3 土地复垦率与资源综合利用水平进一步提高 ………………………… (73)
7.3 煤炭清洁高效发电 …………………………………………………………………… (74)
  7.3.1 煤电发电创历史新高 …………………………………………………… (74)
  7.3.2 煤电技术发展取得新成果 ……………………………………………… (74)
7.4 煤炭清洁高效转化 …………………………………………………………………… (77)
  7.4.1 传统煤化工产业保持基本稳定 ………………………………………… (77)
  7.4.2 现代煤化工技术有所突破 ……………………………………………… (79)
7.5 资源综合利用 ………………………………………………………………………… (81)
  7.5.1 煤矸石综合利用率进一步提高 ………………………………………… (81)
  7.5.2 矿井水综合利用水平不断提升 ………………………………………… (82)
  7.5.3 煤层气（煤矿瓦斯）综合利用规模不断扩大 ………………………… (84)
  7.5.4 粉煤灰综合利用水平有所提高 ………………………………………… (85)

8 煤炭科技 …………………………………………………………………………………… (87)

8.1 2021年煤炭科技重大进展 …………………………………………………………… (87)
  8.1.1 煤矿智能开采取得多项新进展 ………………………………………… (87)
  8.1.2 巷道掘进支护新技术获得推广应用 …………………………………… (88)
  8.1.3 煤炭清洁高效利用技术实现新突破 …………………………………… (88)
8.2 科技平台建设 ………………………………………………………………………… (89)
8.3 科技人才培养 ………………………………………………………………………… (90)
8.4 科技奖励及专利 ……………………………………………………………………… (90)
8.5 煤炭领域标准 ………………………………………………………………………… (90)
8.6 煤炭科技展望 ………………………………………………………………………… (91)
  8.6.1 聚焦十大重点领域核心技术攻关 ……………………………………… (91)
  8.6.2 强化八个方面先进适用技术推广 ……………………………………… (93)

附 录 ………………………………………………………………………………………… (94)

附表1 2021年中国煤炭产业政策 ………………………………………………………… (94)
附表2 2020—2021年中国各省规模以上企业原煤产量 ………………………………… (95)
附表3 2021年中国前十位企业煤炭产量 …………………………………………………… (96)
附表4 2020—2021年世界及前十位国家煤炭产量 ……………………………………… (96)
附表5 2019年世界主要产煤国煤矿安全状况 …………………………………………… (97)
附表6 2021年发布的煤炭领域国家标准（GB） …………………………………………… (97)
附表7 2021年发布的煤炭行业标准（NB） …………………………………………… (98)
附表8 2021年发布的煤炭行业标准（AQ） ………………………………………………… (103)

参考文献 …………………………………………………………………………………… (104)

1 概 述

2021年是中国"十四五"开局之年,中国经济发展韧劲十足、经济增速保持全球领先地位;能源生产稳定增长,能源消费结构进一步优化;煤炭兜底保障作用显著、煤炭煤电稳保能源安全基本盘;碳排放强度逐年降低带动总量增速放缓。2022年是实施"十四五"规划、开启现代化新征程的关键之年,党和政府主动作为、强化稳增长预期,先立后破、科学有序推进碳达峰碳中和,煤炭和新能源优化组合"多能互补",能源结构继续朝着绿色低碳清洁高效方向转型。

1.1 中国能源发展状况

2021年我国经济较好地完成了发展预期目标,能源供应总量保障了经济社会的稳步发展、能源结构得到进一步优化,清洁能源供应比重不断提高,碳排放强度持续降低;2022年,立足能源资源禀赋特征,不断完善能源消费双控制度,持续推动能源低碳转型。

1.1.1 2021年中国能源发展特点

2021年中国经济恢复稳定增长,能源保供成效显著;"双碳"战略不断推进,能源系统降碳效果显现。

1. 经济增长国际领先、能源经济关系持续优化

2021年,我国经济实力显著增强、能源消费增幅降低2.9个百分点。国内生产总值同比增长8.1%,经济增速在全球主要经济体中名列前茅;经济总量达114.367万亿元,突破110万亿元,按年平均汇率折算达17.7万亿美元,稳居世界第二,占全球经济的比重超过18%;能源消费同比增幅为5.2%,比国内生产总值的同比增幅低2.9%,单位国内生产总值能耗同比下降2.7%、比2020年的同比降幅高2.6%。2017—2021年国内生产总值与一次能源消费如图1-1所示。

2. 能源消费稳步增长、清洁能源消费增长1%

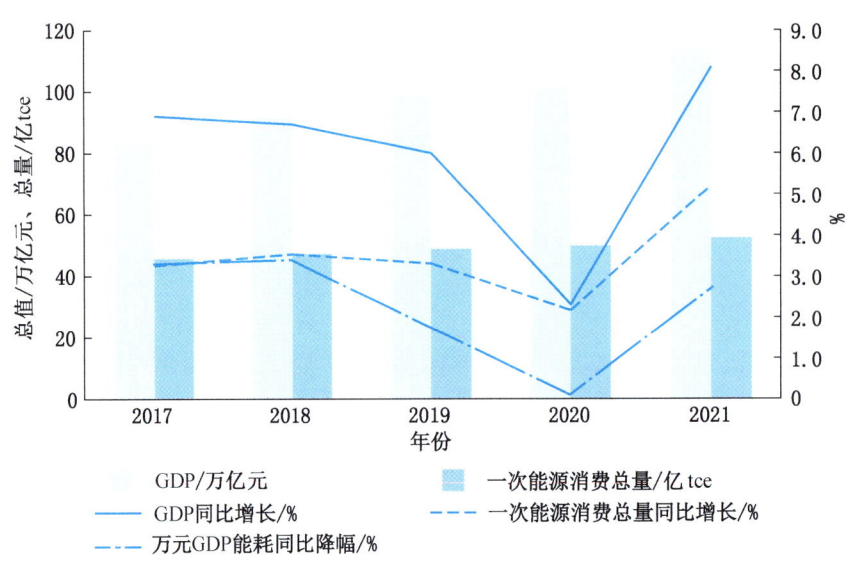

图1-1 2017—2021年国内生产总值与一次能源消费

2021年，我国能源消费总量同比增长约2.6亿tce、清洁能源消费量同比增长1.3亿tce。2021年我国国内生产总值增速为8.1%，单位GDP能耗同比下降2.7%，能源消费总量同比增长5.2%；2021年能源结构进一步优化，天然气、水核风光电等清洁能源消费比重达到25.5%，比上年提高1.2个百分点，清洁能源消费快速发展。2017—2021年中国一次能源消费及构成如图1-2所示。

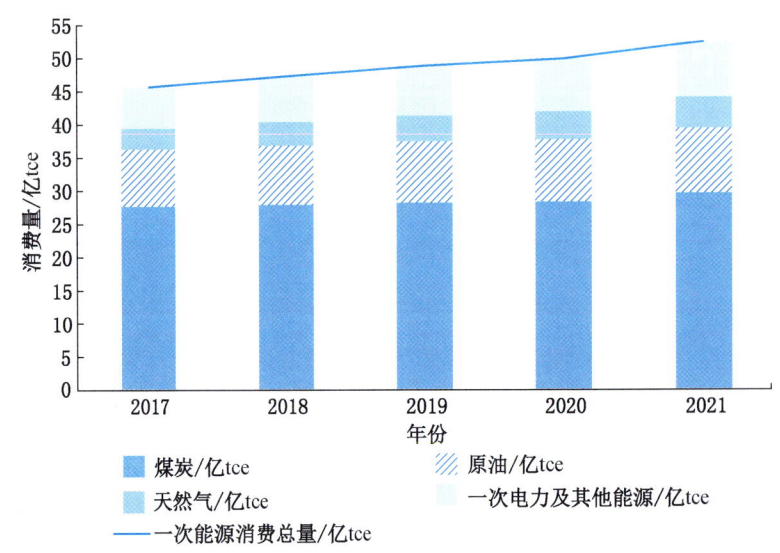

图1-2 2017—2021年中国一次能源消费及构成

3. 能源保供能力增强、煤炭兜底保障作用显著

2021年我国能源生产特别是煤炭产量持续提高，能源供应总量同比增长6.2%，安全供应能力进一步增强，有效保障人民群众安全温暖过冬和经济平稳运行。其中，原煤生产同比增长5.7%，其增量占能源生产总量增量的63%；油气生产增量占能源生产总量增量的10%，原油产量同比增长2.1%，天然气产量同比增长7.8%、连续5年增产超过100亿 m^3；一次电力及其他能源比上年增长8.0%，其生产增量占能源供应总量增量的27%，新能源发电量突破1万亿 kW·h。2017—2021年中国一次能源生产及构成如图1-3所示。

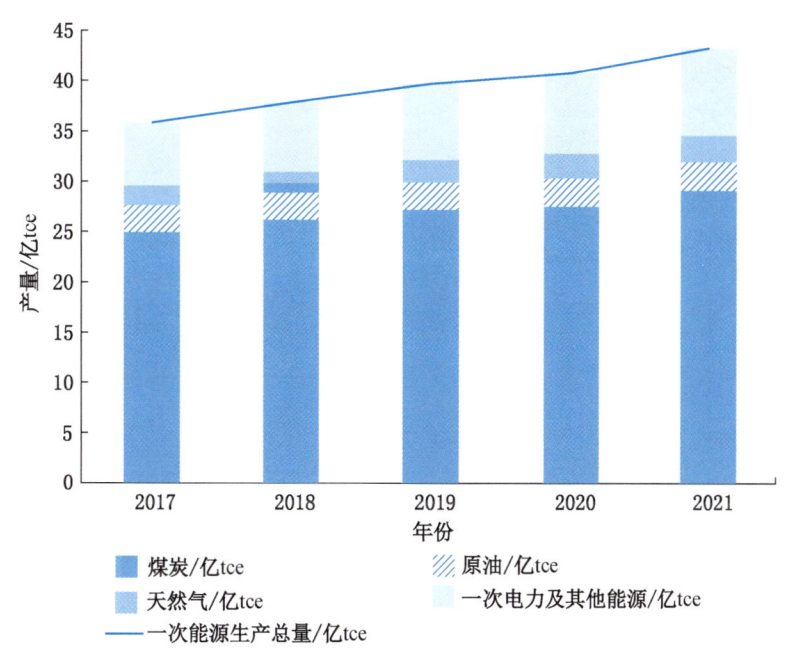

图1-3 2017—2021年中国一次能源生产及构成

煤炭行业落实先进产能释放、确保能源供应。大型国有煤炭企业带头保供稳价，2021年10—12月煤炭月产量增速分别达到4.0%、4.6%、7.2%，持续提升电厂存煤水平，有力保障了电力的稳定供应，以50%的煤电装机占比支撑了75%的高峰负荷需求。

4. 能源资源储量不断增加，油气资源勘探成果突出

2020年煤炭、油气矿产地新增储量增减不同。受新冠肺炎疫情等因素影响，煤炭勘查资金投入12.23亿元，新增资源量（推断）119.64亿t，同比减少60.1%；油气矿产地勘查投资710.24亿元，新增石油探明地质储量13.22亿t、同比增加18.0%；天然气探明地质储量10514.58亿 m^3、同比增加29.9%。

2021年油气资源勘探成果突出。随着国际油价回暖，油气勘查开采投资稳中有

增,全国油气(包括石油、天然气、页岩气、煤层气和天然气水合物)勘查、开采投资分别超 750 亿元和接近 2300 亿元;2021 年 12 月 31 日当日施工的钻机数达到 1404 台,同比增长 12.0%;据不完全统计,2021 年我国油气资源勘探战略持续实施,15 个油气田新增 53.93 亿 t 油气探明地质储量。

5. 合理利用国际资源、天然气进口增长近 20%

发挥国内外"两个市场、两种资源"的互补性,合理利用国际资源。2021 年我国能源自主保障能力逐年提升,从 2017 年的 78.7% 提高到 2021 年的 82.6%,增加了 3.9 个百分点;2021 年原油进口量为 51297.8 万 t,较 2020 年的 54200.7 万 t 减少 5.4%,自给率为 28.9%;2021 年天然气进口 1.2 亿 t,比上年增长 19.9%,自给率为 56.1%;2021 年煤炭进口 32321.6 万 t,同比(30331.1 万 t)增加 1990.5 万 t、增幅为 6.6%,自给率为 97.8%。2017—2021 年中国能源自主保障能力如图 1-4 所示。

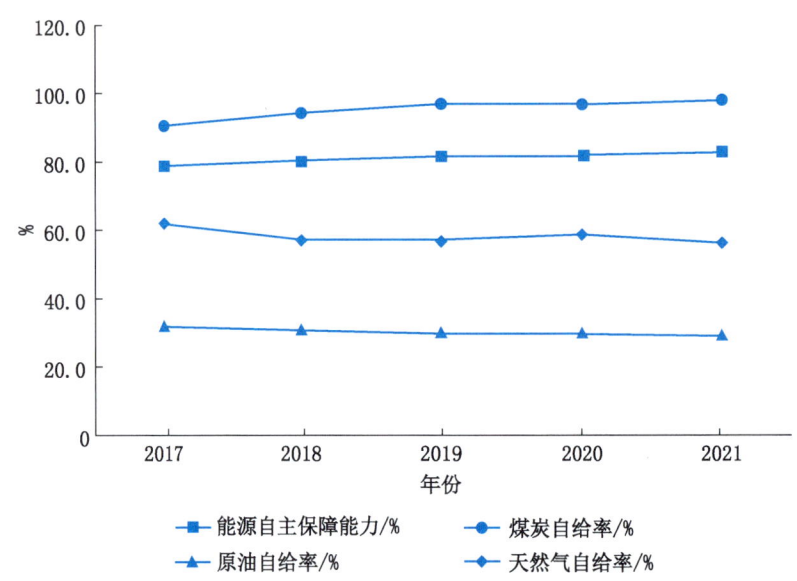

图 1-4 2017—2021 年中国能源自主保障能力

6. 积极推进"双碳"战略,能源系统深度降碳

2021 年是我国"十四五"开局之年,也是能源系统深度降碳的新起点。近年来,我国实施积极应对气候变化国家战略,采取调整产业结构、优化能源结构、节能提高能效、建立市场机制、增加森林碳汇等一系列政策措施,碳排放强度逐年降低带动总量增速放缓。2017—2021 年中国 CO_2 排放强度变化如图 1-5 所示。

1.1.2 2022 年中国能源发展趋势分析

2022 年受外部环境的不确定性影响,我国经济发展面临需求收缩、供给冲击、预期转弱三重压力,政府工作报告强化了稳增长预期;在高基数影响下,我国能源消费增速将明显回落,能源结构继续朝着绿色低碳清洁高效方向转型。

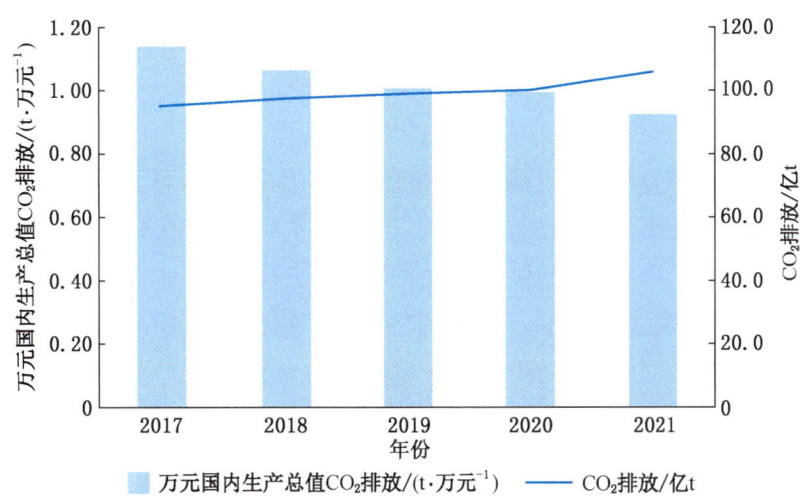

图 1-5　2017—2021 年中国 CO_2 排放强度变化

1. 先立后破，科学有序推进碳达峰碳中和

习近平总书记指出："实现'双碳'目标是一场广泛而深刻的变革，也是一项长期任务，既要坚定不移，又要科学有序推进。""这件事，要按照全国布局来统筹考虑。'双碳'目标是全国来看的，哪里减，哪里清零，哪里还能保留，甚至哪里要作为保能源的措施还要增加，都要从全国角度来衡量。""绿色转型是一个过程，不是一蹴而就的事情。要先立后破，而不能够未立先破。富煤贫油少气是我国的国情，以煤为主的能源结构短期内难以根本改变。实现'双碳'目标，必须立足国情，坚持稳中求进、逐步实现，不能脱离实际、急于求成，搞运动式'降碳'、踩'急刹车'。不能把手里吃饭的家伙先扔了，结果新的吃饭家伙还没拿到手，这不行。"

2022 年我国经济将逐步向疫情前常态化水平回归，在兼顾短期平稳运行和中长期发展需要的基础上，定下了 5.5% 这个市场预期上限的 GDP 增长目标。中国作为世界上最大的发展中国家，将完成全球最高碳排放强度降幅，用世界历史上最短的时间实现实现"双碳"目标，是一项系统性工程、也是一项长期任务。尤其是在经历了全球能源持续上涨、国内部分地区出现电力缺口的形势下，深入推动能源革命，切实保障能源供应，立足资源禀赋，坚持先立后破、通盘谋划，稳妥推进碳达峰碳中和工作尤为重要。

2. 立足能源资源禀赋，煤炭仍将是中国的基础能源

我国拥有较为丰富的能源资源，既包括煤炭、石油、天然气这类化石能源，也包括太阳能、风能、水能等丰富的非化石能源。化石能源资源的现状是石油经济可采储量有限、天然气储量增长趋于平缓、煤炭资源储量相对丰富，富煤贫油少气是化石能源资源的禀赋特征；而非化石能源资源虽然丰富，但在现有技术条件下难以满足经济发展的巨大需求，甚至无法满足能源消费增量的需求。在替代化石能源的过程中，煤炭仍将是我国的基础能源。

我国能源转型需要煤炭支撑。能源转型的路径必须立足国情、符合国情，我国的能源消费结构表明，我国处在化石能源时代的煤炭时期，相比西北欧一些发达国家的天然气时期，煤电仍是我国的主力能源。因而，实现"双碳"不是简单地退煤，而是要实现"多能互补"，推动煤炭和新能源优化组合，建立以可再生能源为主体的低碳绿色电力系统。未来将统筹降碳与能源安全，先立后破，有序推进能源结构调整优化。一方面加强煤炭清洁高效利用，推动煤电节能降碳改造、灵活性改造、供热改造；另一方面推进大型风光电基地及其配套调节性电源规划建设。

3. 完善能源消费双控制度，持续推动能源低碳转型

能耗"双控"的局限性。能耗"双控"行动实施于"十三五"时期，分别设定了能耗强度降低和能源消费总量目标；2020年，全国能源消费总量为49.8亿吨标准煤，完成了既定目标；而单位GDP能耗仅降低13.2%，未完成目标任务。从结果来看，我国经济仍处于上升期、用能需求持续增长，同时我国仍处于工业化、城镇化快速发展阶段，经济发展稳中有进，居民生活、交通等领域用能持续增长，能源消费刚性需求依旧旺盛，能耗"双控"面临较大压力。

碳排放"双控"激励非化石能源发展。在我国二氧化碳排放总量中，能源生产和消费相关活动的碳排放占比较高，降低能耗在很大程度上就降低了碳排放，但仍有相当部分的碳排放来自非能源利用，而且非化石能源消费不直接产生碳排放。进入"十四五"，完善能源消费双控制度被提上日程，2022年政府工作报告提出"能耗强度目标在'十四五'规划期内统筹考核，并留有适当弹性，新增可再生能源和原料用能不纳入能源消费总量控制"。将一方面缓解能耗"双控"对发展的制约，更好地满足我国经济增长对能源的需求；另一方面持续加强对清洁能源替代化石能源的激励，有利于能源结构的绿色低碳转型。

1.2 中国煤炭发展现状与趋势

2021年对于中国煤炭行业发展是极不平凡的一年。新冠肺炎疫情进入常态化防控阶段，国内经济稳步增长，能源需求快速增加，保供压力增大，煤炭价格创历史新高，原煤产量突破41亿t，原煤产量超3000万t企业达到20家，煤炭经济总体保持稳定。2022年中国煤炭行业在保障国家能源稳定供应的同时，稳步推进"双碳"战略的实施，促进煤炭行业高质量发展。

1.2.1 2021年中国煤炭工业运行特点

2021年，我国逐步进入新冠肺炎疫情防控常态化阶段，宏观经济快速恢复。《中华人民共和国2021年国民经济和社会发展统计公报》显示，2021年国内生产总值达到1143670亿元，比上年增长8.1%，两年平均增长5.1%。在宏观经济的强力增长下，全社会用电量激增，导致煤炭供需关系紧张，煤炭价格较大幅度波动。随着国家

陆续出台煤炭保供政策，煤炭供需矛盾在四季度逐渐缓和，煤炭价格恢复到较为合理的水平。

1. 煤炭生产逐渐形成集中化

2021年，我国原煤生产量达到41.3亿t，同比增长5.7%，实现煤炭产量连续5年增长。

按地区分，全国规模以上企业煤炭生产量超过1亿t的省（区）有6个，其煤炭生产量占全国总产量的86.0%；与2020年相比，山东、河南两省煤炭产量降至1亿t以下，湖南、江苏两省煤炭产量降至1000万t以下，重庆市退出煤炭生产。2021年1—12月全国主要省份规模以上企业原煤产量结构如图1-6所示。

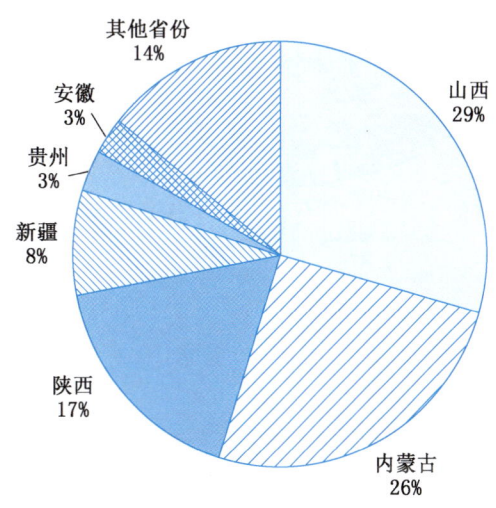

图1-6　2021年1—12月全国主要省份规模以上企业原煤产量结构

按生产企业分，煤炭产量前20家的企业产量合计为26.56亿t，同比增加7870万t，增长3.1%，占全国原煤产量的65.3%。前10家煤炭企业的煤炭产量超过了50%，如图1-7所示。全国有6家煤炭企业原煤生产量超1亿t，其中国家能源集团产量超过5亿t，晋能控股集团产量超过3亿t，山东能源集团、中煤能源集团、陕煤集团产量超过2亿t，山西焦煤集团产量超过1亿t。

2. 需求上涨引发"保供"

2021年由于宏观经济快速恢复，电力需求带动电煤需求迅猛上涨，国家发改委、国家能源局、国家矿山安监局在10月密集出台煤炭保供政策，释放煤矿优质产能，稳定煤炭价格，保障煤炭供应。截至2021年底，批准207处煤矿临时增产保供，增加产量1.1亿t。国家能源局、国家矿山安监局均成立相应的保供工作专班，保障保供的政策供应。根据国家发展改革委的要求，作为煤炭生产主要基地的晋陕蒙三省区四季度保障供应量约为1.45亿t，三省供应量的占比分别为36%、37%和27%。

3. 煤炭价格出现大幅波动

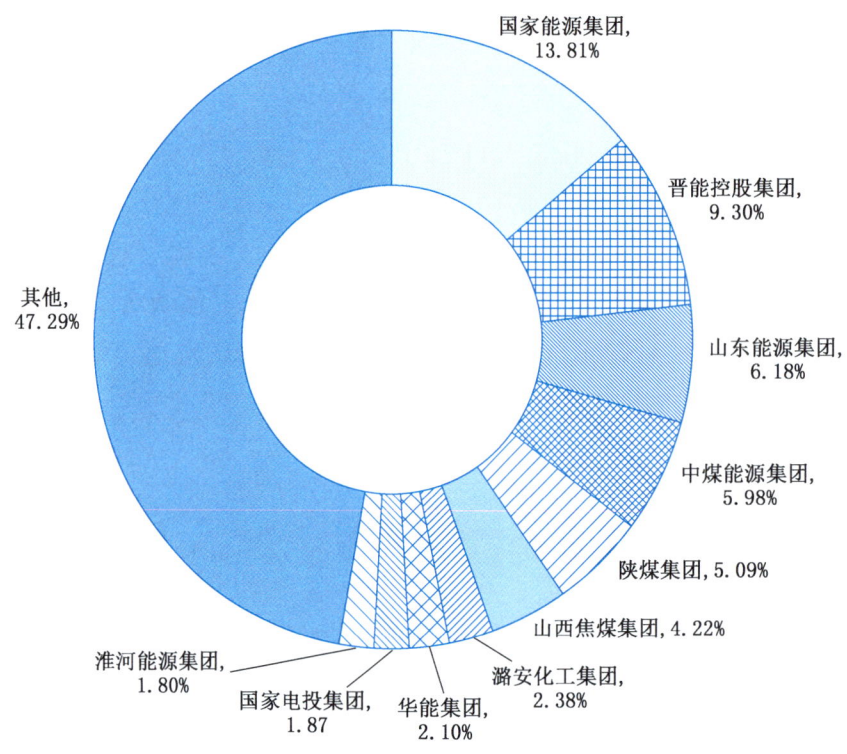

图1-7 2021年全国原煤产量前10家企业市场份额

因电力需求带动电煤需求猛涨，连带煤炭价格在2021年出现大幅波动。根据郑州商品交易所发布的动力煤（ZC）价格指数，自2021年5月起，动力煤价格开始波动上升，自8月20日开始煤炭价格一路飞涨，至10月19日达到最高峰1982元/t。随着国家煤炭保供政策的陆续出台，煤炭价格随之回落，逐步稳定在600～800元/t。2021年郑州商品交易所动力煤期货指数趋势如图1-8所示。

图1-8 2021年郑州商品交易所动力煤期货指数趋势

4. 煤矿安全生产水平持续好转

截至 2021 年底，全国煤矿发生生产安全事故 91 起，死亡 178 人，百万吨死亡率为 0.043，同比分别下降 26.0%、21.9% 和 27.1%。煤矿事故起数降至 100 起以内，死亡人数降至 200 人以内，百万吨死亡率降至 0.05 以内，全国连续 5 年未发生特别重大事故，显示我国煤矿安全生产水平进入新阶段，为"十四五"开了个好头。2016—2021 年我国煤矿事故、百万吨死亡率变化趋势如图 1-9、图 1-10 所示。

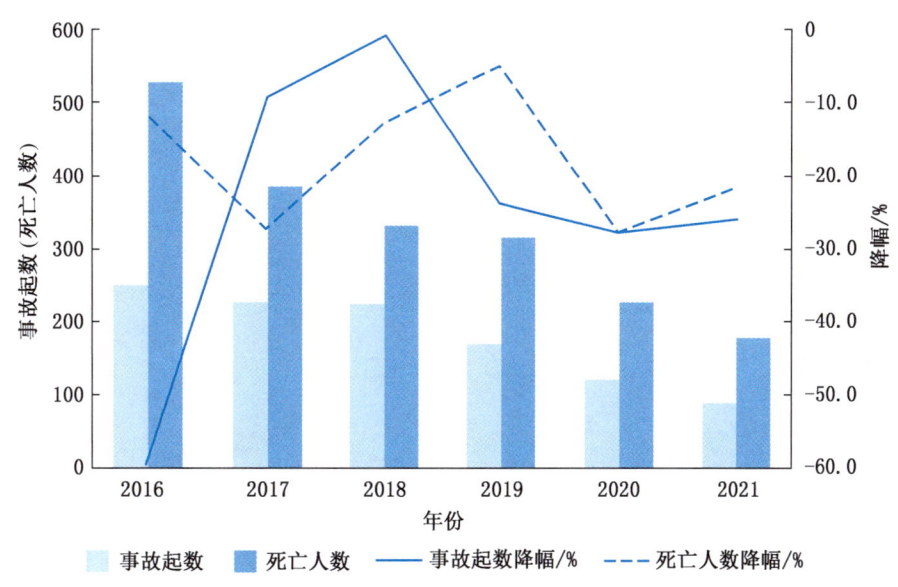

图 1-9　2016—2021 年我国煤矿事故变化趋势

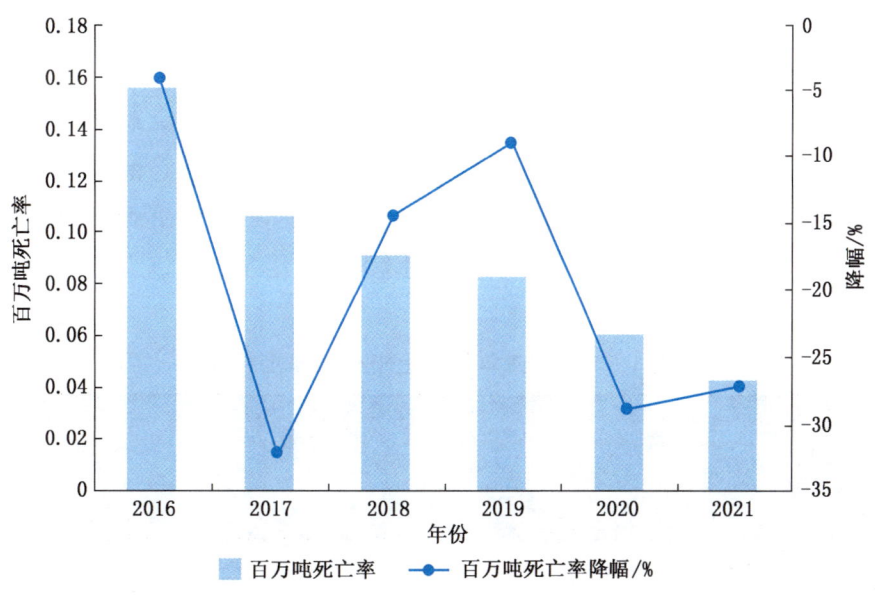

图 1-10　2016—2021 年我国煤矿百万吨死亡率变化趋势

5. "双碳"目标促进煤炭企业绿色转型

为落实党中央关于"碳达峰、碳中和"的战略目标，国有大型煤炭企业制定了各自的绿色转型工作方案。截至 2021 年底，国家能源集团风电累计装机达到 5000 万 kW，继续保持世界第一（图 1-11），光伏装机 860 万 kW，同比增长 4.1 倍；华阳新材料集团（原阳泉煤业集团）全国首批 600kW 磁悬浮飞轮储能装置正式下线，标志着华阳新材料集团飞轮储能技术进入世界前列；山东能源集团第一批自有分布式光伏项目 11 月集中开工，计划投资 5.02 亿元，总装机容量 105 MW，可实现年发电量 1.12 亿 kW·h。

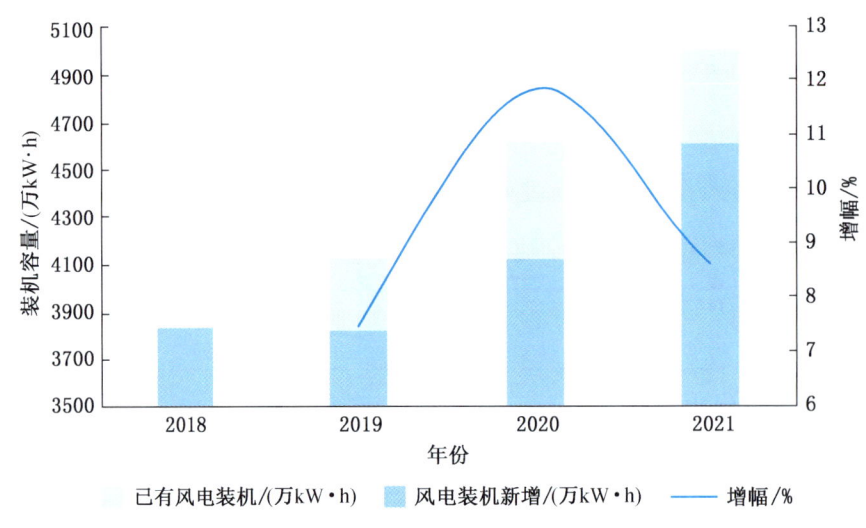

图 1-11 国家能源集团 2018—2021 年风电装机情况

6. 上市公司收益丰硕

受下半年煤炭价格快速上涨影响，多数煤炭上市企业收益大幅增加。在已披露年报或年度快报的上市企业中，陕西煤业、中煤能源、中国神华、兖矿能源四家企业营业收入超 1000 亿元，昊华能源、神火股份、兰花科创等 13 家上市企业净利润增幅超 100%，其中昊华能源的净利润比 2020 年同期上涨 40 倍左右，见表 1-1。

表 1-1 2021 年煤炭上市企业年度报告

序号	企业简称	营业收入		净利润		储量		
		总额/亿元	变化/%	总额/亿元	变化/%	资源量/亿t	可采储量/亿t	证实储量/亿t
1	山煤国际	480.54	35.66	49.37	497.42	18.55	8.19	11.96
2	陕西煤业	1522.66	60.17	211.4	42.26	148.23	85.97	148.23
3	平煤股份	296.99	32.60	29.22	110.61	18.19	9.00	4.61

表 1-1（续）

序号	企业简称	营业收入		净利润		储量		
		总额/亿元	变化/%	总额/亿元	变化/%	资源量/亿t	可采储量/亿t	证实储量/亿t
4	盘江股份	97.26	48.20	11.72	35.29	81.43	39.49	
5	晋控煤业	182.65	67.49	46.58	431.88	42.01	19.43	3.58
6	华阳股份	380.07	21.89	35.34	134.80	3.76	1.09	0.79
7	恒源煤电	67.49	29.55	13.87	79.97	10.30	4.89	3.14
8	潞安环能	451.47	73.33	67.08	244.80	35.81	14.05	14.05
9	郑州煤电	32.12	15.00	−2.15	77.23	5.97	2.72	0.90
10	昊华能源	83.69	91.84	20.14	4105.92	21.29	11.95	7.46
11	中煤能源	2311.27	64.00	132.82	124.80	270.19		142.55
12	大有能源	79.11	15.88	12.89		9.92	5.30	2.24
13	冀中能源	314.24	53.23	27.39	248.73	30.01①	6.06	
14	兰花科创	128.60	94.07	23.53	527.84	15.78	7.21	
15	靖远煤电	48.41	31.30	7.24	62.66	5.82②	3.57	
16	上海能源	101.56	32.69	3.73	−44.15	12.94	6.04	4.31
17	辽宁能源	59.15	17.01	0.27		9.40	3.63	2.22
18	中国神华	3352.16	43.70	502.69	28.30	332.10②	141.50	33.10
19	山西焦煤	452.85	34.15	41.66	112.94	43.77		
20	云维股份	16.97	23.39	0.16	0.08			
21	兖矿能源	1519.91	−29.30	162.59	128.30	1484.00		310.00
22	开滦股份	223.54	22.98	18.15	68.32	5.92	3.84	3.07
23	淮北矿业	649.61	24.27	47.8	37.82	44.30	19.96	5.38
24	神火股份	344.52	83.16	32.34	802.57	13.44②	6.32	
25	安源煤业	93.84	23.42	0.55	124.76	1.50	0.94	0.94

注：① 该企业 2021 年年报披露为地质储量。
② 该企业 2021 年年报披露为保有储量。

1.2.2 2022 年中国煤炭工业发展趋势分析

1. 保供压力仍然巨大

2021 年下半年，随着国家保供政策的陆续出台，各主要生产基地和优质产能企业纷纷保供增产，满足国家对能源的基本需求。2022 年，随着国际局势的变化，国际原油价格不断上涨（图 1-12），国内能源供需矛盾必将进一步加剧。习近平总书记在十三届全国人大五次会议内蒙古代表团审议会上强调，推进"双碳"要"要先立后破，不能未立先破"。因此，在国际能源供应不足以保持稳定前，"保供"仍然是 2022 年煤炭行业发展的重要工作。

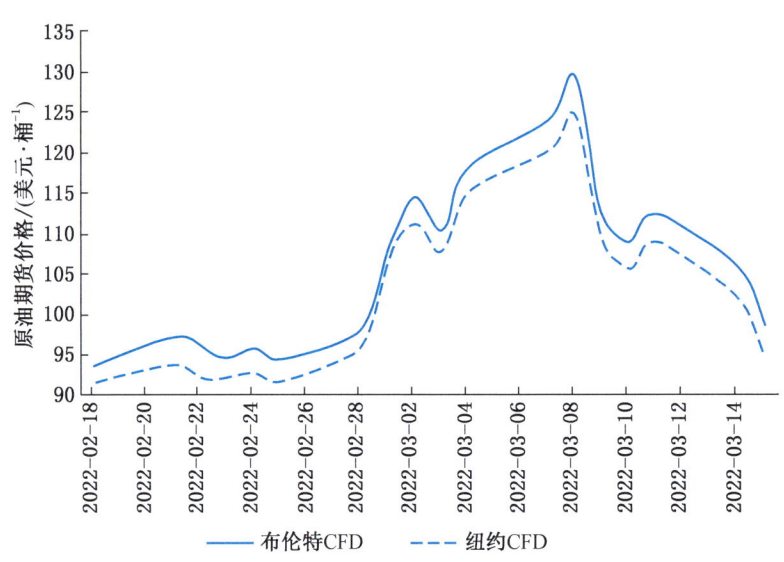

图 1-12 2022 年初国际原油期货价格

2. 煤炭进口保持基本稳定

根据海关总署统计，2021 年 1—12 月我国煤炭净进口量同比增长 6.6%。受国际关系、疫情和主要产煤国内部供需政策影响，2022 年我国煤炭进口量总体保持平稳，但进口格局可能会有变化。印度尼西亚和俄罗斯将依然是我国煤炭进口的主要来源国，蒙古国对我国的煤炭出口将有所增加。

3. 煤炭生产省区和企业加快落实"双碳"目标

2022 年，各煤炭生产省区和企业加快落实各自的"双碳"目标，一方面推动煤炭行业绿色开发与复垦，另一方面布局绿色可再生能源产业。其中，山西、内蒙古、陕西、黑龙江、甘肃等省区均制定了建设绿色矿山的计划，内蒙古计划 2022 年建设 100 座绿色矿山；内蒙古、河北、辽宁、广西等省区提出 2022 年加快推动矿区生态修复和治理；国家能源集团加大水电工程的前期工作力度，完成集团抽蓄发展专题研究报告，并推动风光储氢 100 万 kW 项目；山东能源集团打造"双千万、双园区"新能源基地，海上风电确保 2022 年内 50 万 kW 并网；晋能控股集团将在 2022 年积极推进 19 个共计 194 万 kW 风光项目建成投产，风光项目新增建设指标不低于 400 万 kW，年末清洁能源装机容量不低于 1000 万 kW。

4. 煤矿智能化建设全面提速

近年来，应急管理部、国家矿山安监局认真贯彻落实党中央、国务院决策部署，深入落实 2020 年全国煤矿智能化建设现场会精神，推动矿山智能化建设取得新的进展和突破。2022 年 3 月，全国智能化采掘工作面已达到 813 个，与 2020 年相比增加 65%。其中，采煤工作面为 477 个，与 2020 年相比增加 43%；掘进工作面为 336 个，与 2020 年相比增加 109%，已有 29 种煤矿机器人在 370 余处矿井现场应用，通过智能化建设的有力促进，2016 年以来全国煤矿井下作业人员减少了共计 37 万人。根据应急管理部、国家能源局、国家矿山安监局的规划，到 2022 年底，力争采掘智能化工作面达到 1000 个以上；协调科技部、工信部针对煤矿智能化建设过程中关键共性技术立项研发，计划投入资金 4.6 亿元。

2　煤炭消费状况

2021年，全国煤炭消费量42.29亿t，占一次能源消费比重下降到56.0%，比上年下降0.9个百分点。预测2022年随着投资活力进一步激发，经济运行保持合理区间，全年煤炭消费量较去年仍将有一定增长。

2.1　2021年煤炭消费变化与现状

2.1.1　煤炭消费总量回升、占比下降

煤炭消费总量大幅回升。2015—2021年我国煤炭消费总量年均增长0.9%。2021年，随着我国疫情防控形势持续向好，国民经济持续稳步恢复，能源需求较快增长，拉动煤炭消费大幅回升，2021年煤炭消费总量为42.29亿t，同比增长4.6%，占世界煤炭消费量约50%，如图2-1所示。

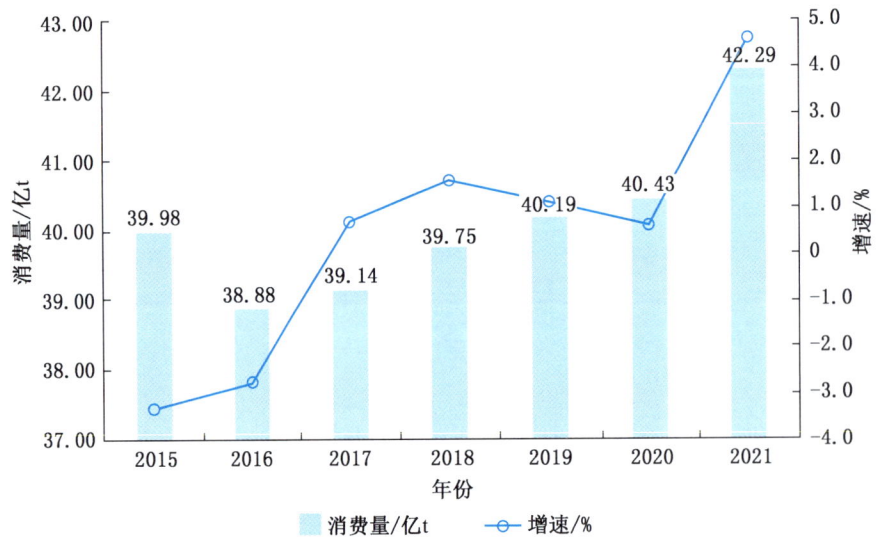

图2-1　2015—2021年全国煤炭消费总量变化情况

煤炭消费占一次能源消费比重持续下降。受能源结构调整、清洁能源快速发展等影响，我国煤炭占一次能源消费量的比重总体上呈下降趋势，但仍将在较长时期在一次能源构成中占主导地位，2021年我国煤炭消费量占一次能源消费量的56.0%，比上年下降0.9个百分点，但仍高出世界目前平均水平约23个百分点，如图2-2所示。

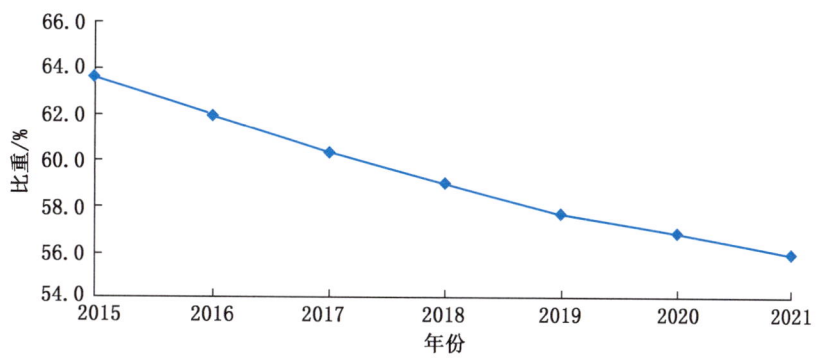

图2-2　2015—2021年我国煤炭消费占一次能源消费比重变化

2.1.2　煤炭消费中西部增长较快

主要产煤地区煤炭消费量及所占比重持续上升。随着中部崛起战略和西部大开发战略实施，中西部经济发展加速，能耗需求较快增长，布局了一大批主要耗煤项目，煤炭消费量占全国的比重呈逐步上升态势。2015—2021年，晋陕蒙宁甘新地区煤炭消费量由11.43亿t增加到14.84亿t，占全国煤炭消费总量的比重由28.6%上升到35.1%；京津冀、东北、华东、中南地区煤炭消费量占全国的比重分别比2015年下降1.5、1.1、3.5、1.2个百分点，如图2-3和图2-4所示。

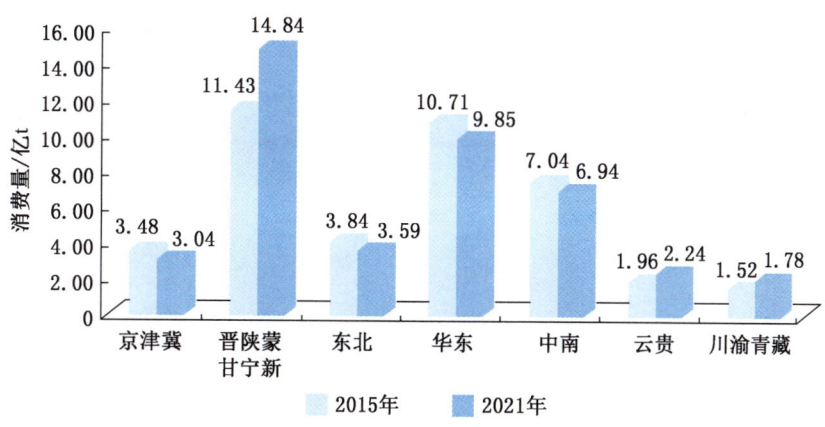

图2-3　2015年和2021年各地区煤炭消费量变化对比

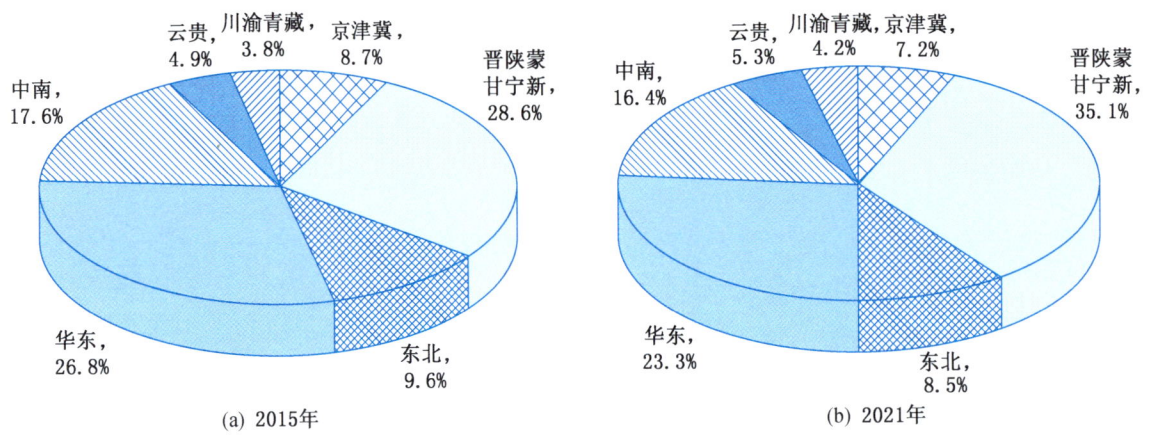

图 2-4 2015 年和 2021 年各地区煤炭消费量占全国比重对比

2.1.3 煤炭消费结构进一步集中

我国煤炭消费继续向电力、钢铁、建材、化工四大主要耗煤行业集中，其中电煤消费占比持续增大。2015—2021 年，四大主要耗煤行业煤炭消费量由 32.71 亿 t 增加到 40.19 亿 t，占国内煤炭消费总量的比重也由 81.8% 上升到 95.0%。其中，发电和供热耗煤量由 20.37 亿 t 增加到 26.70 亿 t，所占比重由 50.9% 上升到 63.0%，如图 2-5 所示。

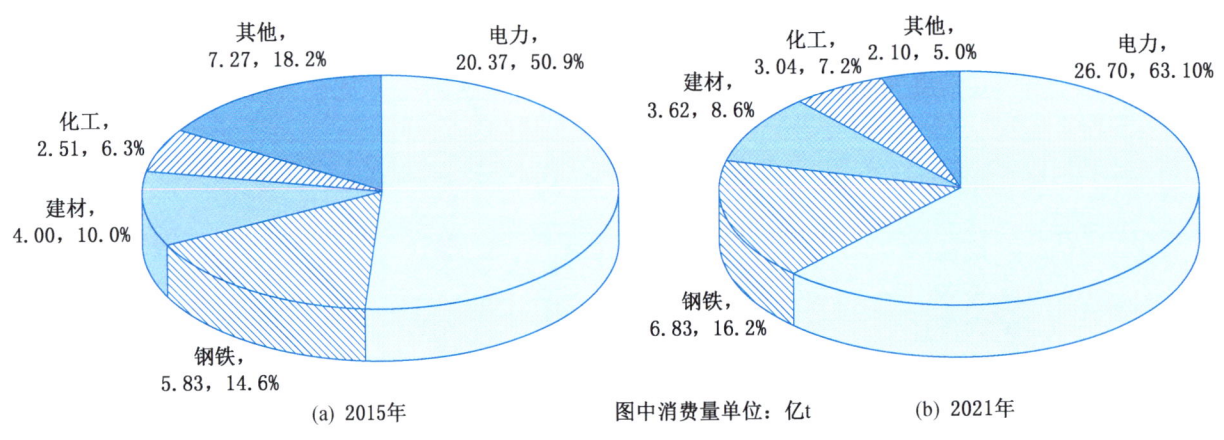

图 2-5 2015 年和 2021 年全国煤炭消费结构对比

1. 电力行业

1）电力供需现状

电力装机容量保持平稳增长。2021 年全国全口径发电装机容量为 23.77 亿 kW，较 2015 年增长 8.52 亿 kW，年均增长 7.7%。图 2-6 为 2015 年以来全国电力装机容量。

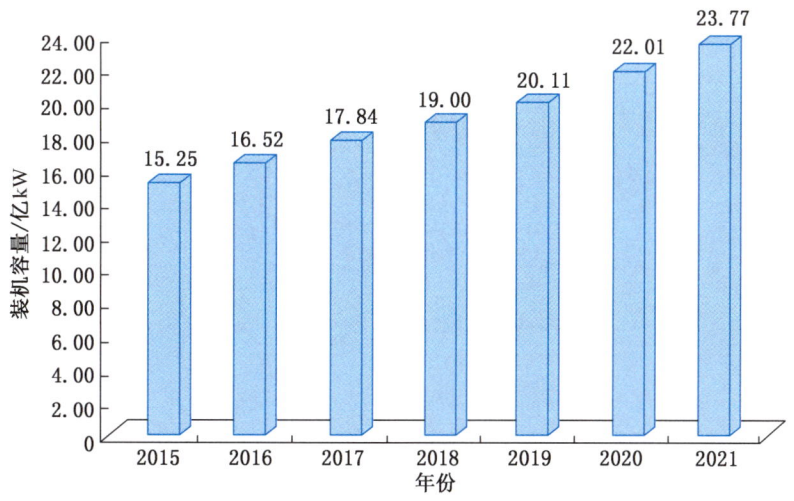

图 2-6 2015—2021 年全国电力装机容量

煤电装机比重持续下降。2021 年，全国煤电装机容量 11.09 亿 kW，较 2015 年增加 2.14 亿 kW，年均增长 3.6%，但占发电总装机容量的比例为 46.7%，较 2015 年下降 12.1 个百分点。新增发电装机以非化石能源发电装机为主，在 2021 年新增装机容量中，新增非化石能源发电装机 1.38 亿 kW、占新增发电装机总量的 78.3%，而煤电新增规模 0.29 亿 kW、占新增发电装机总量的 16.5%。2015 年和 2021 年我国电源结构对比如图 2-7 所示。

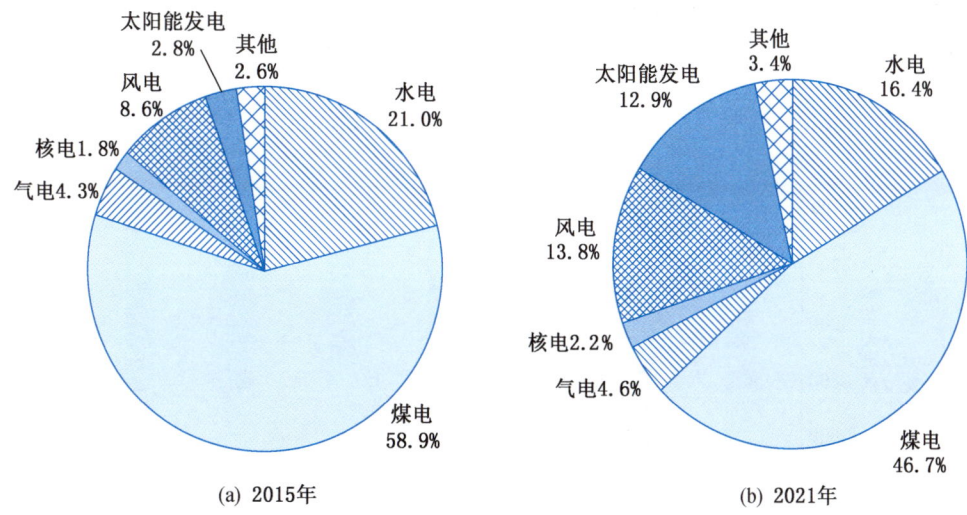

图 2-7 2015 年和 2021 年我国电源结构对比

用电量保持中高速增长。"十三五"以来，随着中国经济增速企稳、经济结构不断优化、质量和效益持续提升，全社会用电量平稳增长。2021年，受国内经济持续恢复发展、上年同期低基数、外贸出口快速增长等因素影响，全国全社会用电量为8.31万亿kW·h，同比增长10.3%，较2015年增加2.64万亿kW·h，年均增长6.6%。2015—2021年我国用电量与GDP增速如图2-8所示。

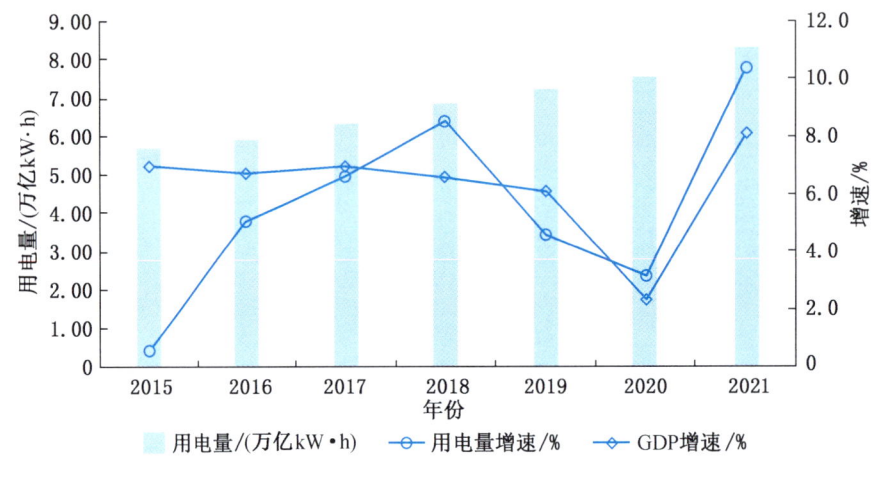

图2-8　2015—2021年我国用电量与GDP增速

全国发电设备利用小时数同比总体上涨、火电增幅5.5%。受电力需求增长放缓、电力装机容量持续增长、新能源装机占比不断提高等因素影响，"十三五"以来，全国6000 kW及以上电厂发电设备平均利用小时数总体上呈逐步下降趋势，2020年发电设备平均利用小时数为3758 h，火电利用小时数为4216 h，较2015年分别减少211 h、113 h。2021年受益于全社会用电量增速较大、电煤供应紧张等多重因素影响，发电设备平均利用小时数触底反弹上涨至3817 h、增幅1.6%，其中火电利用小时数上涨至4448 h、增幅5.5%，如图2-9所示。

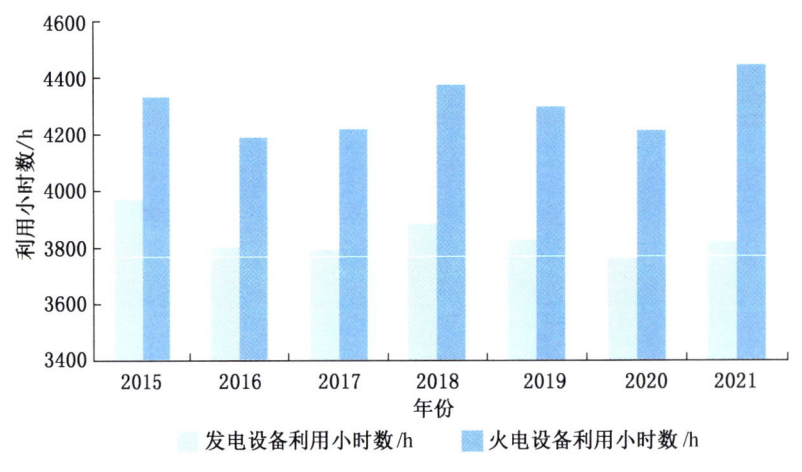

图2-9　2015—2021年全国发电、火电设备平均利用小时数情况

2) 电力行业煤炭消费现状

电力行业占煤炭消费比重逐年增大。"十三五"以来，全社会用电量平稳增长，在基本面因素和气候因素的双重拉动下，同时随着热电机组较快发展，电能替代作用显著增强，电力工业耗煤稳步增长，占煤炭消费比重持续上升。2021年电力工业耗煤量26.70亿t，较2015年增长6.33亿t，年均增长4.6%；占全国煤炭消费总量的比重为63.1%，较2015年提高了11.8个百分点，如图2-10所示。

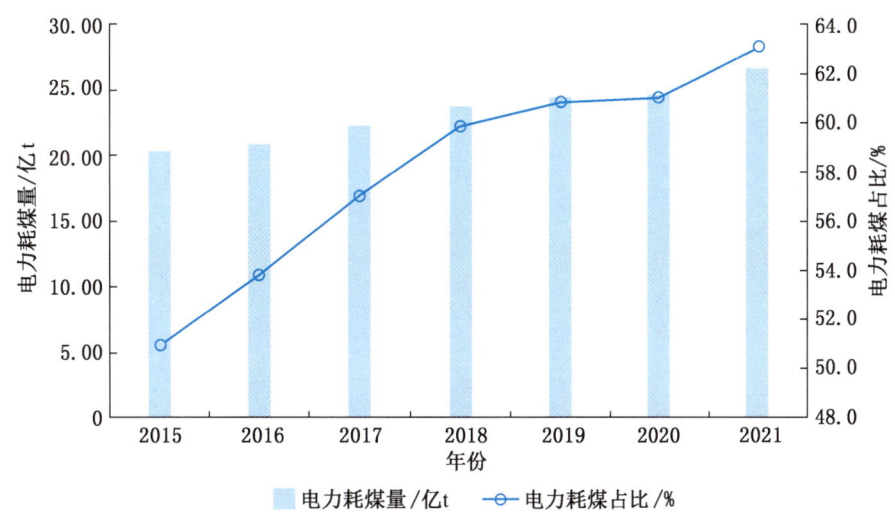

图2-10 2015—2021年我国电力耗煤量及占比

单位发电标准煤耗不断下降。随着电力工业淘汰落后产能力度加大和技术进步进一步加快，煤电机组结构持续优化，具有国际先进水平的大容量、高参数、高效率发电机组在我国电力装机中所占比例不断提高，节能减排技术水平不断发展，发电标准煤耗降幅明显。2021年我国发电标准煤耗为279 gce/(kW·h)，比2015年的297 gce/(kW·h)下降了18 gce/(kW·h)，如图2-11所示。

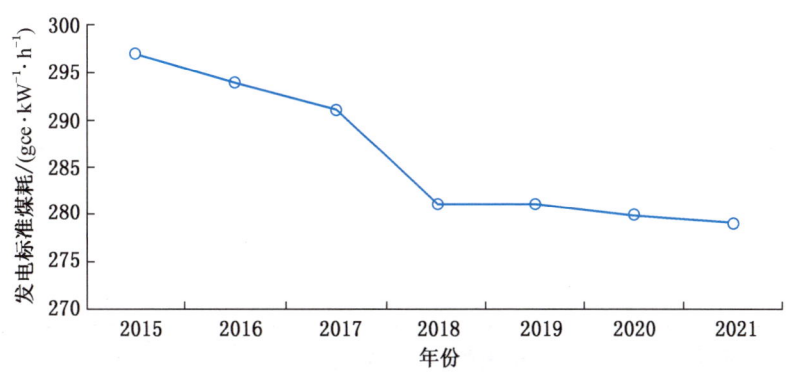

图2-11 2015—2021年我国发电标准煤耗变化情况

2. 钢铁行业

1) 钢铁行业发展现状

钢铁产量保持高位。"十三五"以来，我国钢铁行业在去产能的大背景下实现了根本性好转，钢铁产量止跌回升，产能利用率明显提升，生铁、粗钢产量持续平稳增长。2015—2020 年，粗钢、生铁全年产量分别由 8.04 亿 t、6.91 亿 t 增长到 10.65 亿 t、8.89 亿 t，年均增长 4.8%、4.3%。2021 年，受国内外需求拉动，上半年粗钢、生铁产量创同期历史新高，下半年在能耗双控、严控"两高"项目发展等政策措施影响下，钢铁产量过快增长势头得到有效遏制，自 7 月以来，粗钢、生铁产量连续 6 月保持同比下降，全年粗钢、生铁产量分别为 10.35 亿 t、8.69 亿 t，同比减少 2.8%、2.2%，如图 2-12 所示。

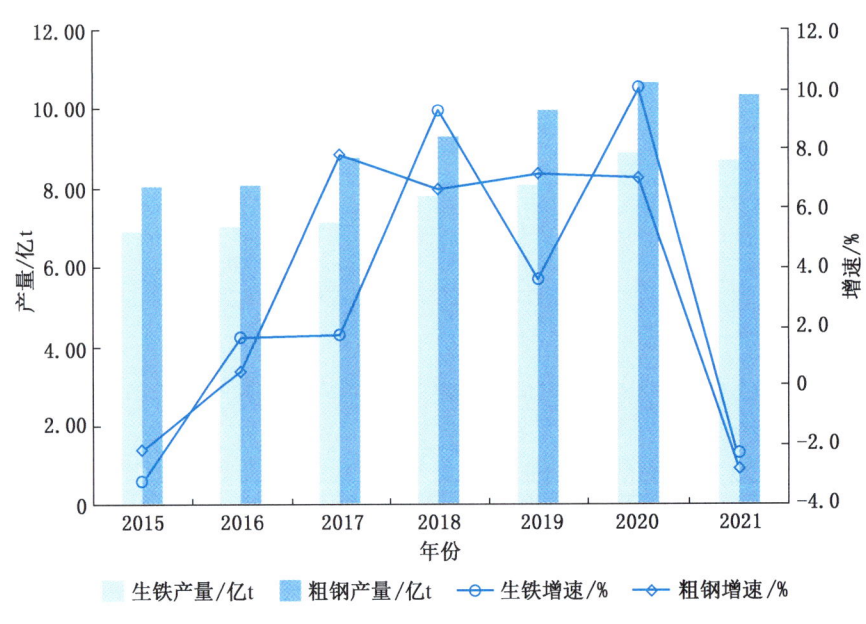

图 2-12 2015—2021 年我国粗钢和生铁产量变化情况

吨钢能耗逐步下降，重点钢铁企业能耗指标已达到国际先进水平。近年来，钢铁工业能耗指标有很大改善，重点钢铁企业部分工序能耗指标已经达到或超越国际先进水平。2021 年重点钢铁企业吨钢综合能耗为 543 kgce，较 2015 年下降 29 kgce，年均减少 0.86%，见表 2-1。

表 2-1 我国重点钢铁企业能耗指标与国际先进水平对比　　　　　　　　kgce/t 钢

项　目	2015 年	2016 年	2017 年	2018 年	2019 年	2020 年	2021 年	国际先进水平
综合能耗	572	565	560	555	553	545	543	580

铁钢比下降缓慢，远高于国际水平。近年来，我国钢铁行业技术装备水平大幅提升，铁钢比逐渐下降，但与先进国家相比仍有较大差距。2021 年我国铁钢比为 0.84，较 2015 年降低 2.3%（图 2-13），世界平均水平为 0.71，扣除中国后的世界平均铁钢比为 0.56；美国、韩国、德国、俄罗斯、日本铁钢比分别为 0.37、0.56、0.63、0.70、0.71，远低于中国。

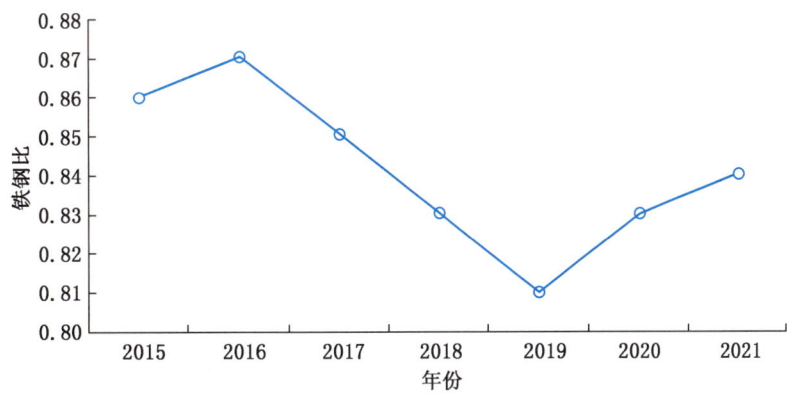

图 2-13　2015—2021 年我国铁钢比变化情况

2）钢铁行业煤炭消费现状

钢铁行业耗煤量仍处于高位平台期。近年来，钢铁产量持续增长，在吨钢能耗持续降低背景下，钢铁行业耗煤量保持高位波动。钢铁行业煤炭消费基本达峰，并保持相对平稳。2021 年钢铁工业耗煤 6.83 亿 t，其中炼焦煤 4.74 亿 t，喷吹煤 1.52 亿 t，燃料煤 0.57 亿 t，见表 2-2。

表 2-2　钢铁产量与煤炭消费量　　　　　　　　　　　　　　　亿 t

项　目	2015 年	2021 年
生铁产量	6.91	8.69
粗钢产量	8.04	10.35
煤炭消费量	5.83	6.83
其中：炼焦煤	4.11	4.74
喷吹煤	1.16	1.52
燃料煤	0.56	0.57

入炉焦比和喷煤比指标不断优化，但较国际先进水平还存在很大差距。2015—2021 年，重点钢铁企业入炉焦比由 369 kg/t 铁下降到 360 kg/t 铁，年均下降 1.5 kg/t 铁；喷煤比由 168 kg/t 铁上升到 175 kg/t 铁，年均增加 1.2 kg/t 铁。目前，先进国家入炉焦比已经下降到 270 kg/t 铁左右，喷煤比提高到 268 kg/t 铁左右，我国还存在很大差距，见表 2-3。

表2-3　我国重点钢铁企业与国际先进水平炼铁指标对比　　kg/t铁

指标	2015年	2016年	2017年	2018年	2019年	2020年	2021年	国际先进水平
入炉焦比	369	367	366	367	364	362	360	270
喷煤比	168	169	171	170	172	174	175	268

3. 建材行业

1）建材行业发展现状

主要建材产品产量保持高位震荡。近年来，随着经济发展质量稳步提升，全国固定资产投资和基建投资增速回升，建材行业主要产品产量保持高位震荡，2021全年水泥产量为23.80亿t、平板玻璃产量为10.20亿重量箱，较2015年分别增长0.9%、29.6%，见表2-4。

表2-4　2015—2021年主要建材产品产量

产品	2015年	2016年	2017年	2018年	2019年	2020年	2021年
水泥/亿t	23.59	24.10	23.40	22.10	23.50	24.00	23.80
平板玻璃/亿重量箱	7.87	8.04	7.90	8.69	9.30	9.46	10.20

产业结构加速优化，但产能过剩、利用率低问题仍然突出。建材行业持续推进供给侧结构性改革、优化调整生产结构，截至2021年底，全国新型干法水泥生产线累计1622条，实际年熟料产能约18.1亿t，与上年基本持平，水泥熟料产能利用率为74%左右，产能过剩依旧是当前水泥行业面临的主要问题。

2）建材行业煤炭消费现状

建材行业耗煤处于高位平台期。2021年，全国建材市场需求受固定资产投资、房地产和基建投资增速大幅趋降影响，呈现出"需求减弱，前高后低，压力加剧"的特征，同时供给端受"能耗双控、限电限产、煤价飙升"的影响，供给不足，产量受限。建材行业在需求供给双重影响下导致煤炭消费较去年略有下降，建材行业煤炭消费3.62亿t，其中水泥耗煤1.98亿t，墙体材料耗煤0.79亿t，石灰耗煤0.23亿t，见表2-5。

表2-5　建材行业主要产品耗煤量　　亿t

产品	2015年	2021年
合计	4.00	3.62
水泥耗煤量	2.37	1.98
墙体材料耗煤量	0.88	0.79
石灰耗煤量	0.25	0.23
其他产品耗煤量	0.50	0.62

建材单位产品综合能耗呈下降趋势，但与国际先进水平相比还有较大差距。 2015—2021 年，吨水泥煤耗从 108 kgce 下降到 97 kgce，降幅达 10.2%。但与国际先进水平相比，我国建材产品单位能耗还有较大差距。仅就新型干法水泥而言，我国熟料烧成热耗平均水平比国际上高约 20%，综合电耗高约 10%。

4. 化工行业

1）化工行业发展现状

传统煤化工产品结构性过剩较为严重。 目前，传统煤化工产品均处于阶段性供大于求状态，不同程度地存在结构性过剩。2021 年，合成氨产能达到 6650 万 t/年，产量 5100 万 t，产能利用率 76.7%；电石产能达到 4000 万 t/年，产量 2825 万 t，产能利用率 70.6%；甲醇产能达到 9690 万 t/年左右，产量 7700 万 t，产能利用率 79.5%。

现代煤化工发展步伐加快。 近年来，在优化布局、严控规模的前提下，现代煤化工升级示范项目持续推进，煤制油、煤制烯烃等新型煤化工技术日趋完善，现代煤化工产品产量稳步释放。

2）化工行业煤炭消费现状

近年来随着现代煤化工技术取得新突破，以及一批示范项目的建设运行，我国煤化工产业规模增长较快，化工用煤整体呈增长态势，占比不断提高。2021 年化工行业用煤量为 3.04 亿 t，较 2015 年增长 5300 万 t，年均增长 3.2%。2021 年传统煤化工中，煤基合成氨产量为 4131 万 t，共消费煤炭约 5494 万 t；电石产量为 2825 万 t，共消费煤炭 1210 万 t；煤制甲醇产量 3250 万 t，共消费煤炭 6500 万 t；现代煤化工中，煤制油产量为 738 万 t，煤制天然气产量为 48 亿 m^3，煤制烯烃产量为 1060 万 t，分别消费煤炭 3542 万 t、1584 万 t 和 6572 万 t。

5. 其他行业

通过关闭一批污染严重的燃煤锅炉，推动"煤改气""煤改电"等措施，京津冀等重点地区散煤治理取得成效，全国散煤使用大幅减少，2021 年其他行业用煤为 2.1 亿 t。

2.2 影响煤炭消费的因素

2.2.1 宏观经济走势

我国煤炭消费趋势与经济波动高度一致。 我国 GDP 周期性波动与能源消费变动趋势大体一致，呈明显正相关性，如图 2-14 所示。当经济高速发展时，煤炭消费增长率较高；当经济增速回落时，煤炭消费增速随之下降甚至负增长。当前，我国已开启全面建设社会主义现代化国家新征程，经济已转向高质量发展阶段，并加快形成以国内大循环为主体、国内国际双循环相互促进的新发展格局，在促内需、提质量、优结构的新发展要求下，我国"十四五"经济增速将稳中有降，能源需求强度和增速放缓，煤炭需求增速随之放缓。

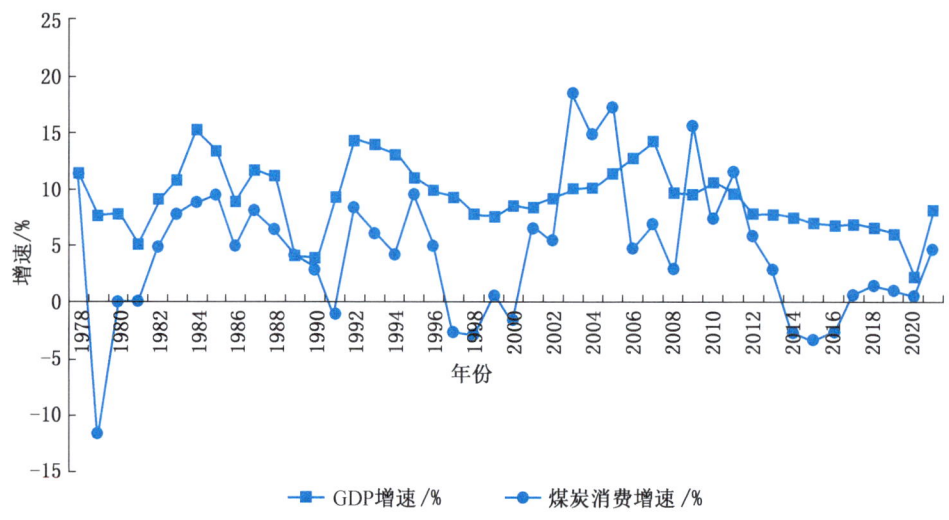

图 2-14 1978—2021 年我国煤炭消费量增速与 GDP 增速

2.2.2 产业结构调整

煤炭需求与产业结构调整之间存在较强关联。 第二产业煤炭消费量大，且对产业规模极为敏感。目前，我国正处于工业化发展中期阶段，工业化、城镇化进程继续推进，基础产业和基础设施建设稳步发展，第二产业所占比重依然较大，不会出现明显下降。但随着工业化、城镇化进一步深化，产业基础高级化、产业链现代化水平明显提高，第二产业呈现缓慢下降趋势，煤炭需求增速下降，如图 2-15 所示。

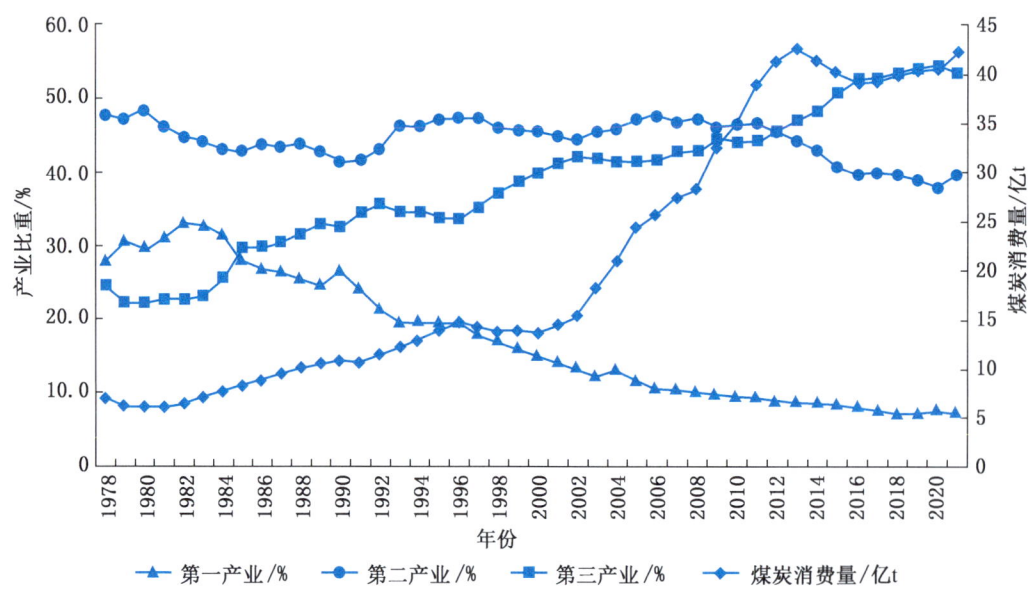

图 2-15 1978—2021 年我国三次产业比重及煤炭消费总量

2.2.3 能源结构调整

绿色发展步伐加速，煤炭消费比重下降。 近年来，在国家产业政策引导和鼓励下，能源多元化取得显著成效，天然气、核电、水电和其他可再生能源快速发展，已成为能源供应的重要组成部分，对煤炭的替代作用不断显现。2011—2021年，煤炭占一次能源消费总量的比重下降了14.2个百分点。我国已向世界庄严承诺，二氧化碳排放力争于2030年前达到峰值，努力争取2060年前实现碳中和。以生态优先、绿色发展为导向，积极探索低碳发展新路径，大幅提速能源绿色发展步伐是大势所趋，煤炭消费占一次能源消费比重将继续下降。1978—2021年我国能源消费结构变化如图2-16所示。

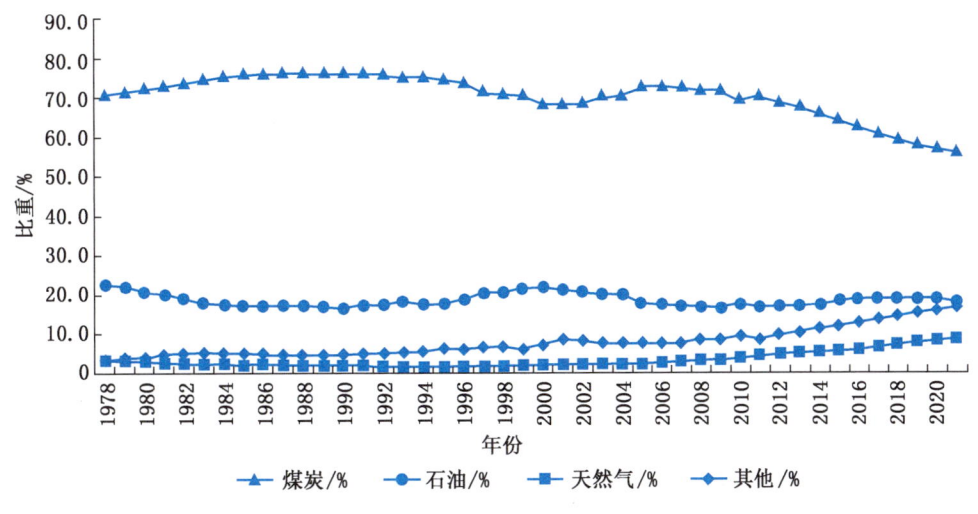

图 2-16 1978—2021年我国能源消费结构变化

2.2.4 "双碳"目标约束

"双碳"约束日趋严格，进一步压缩煤炭需求空间。 在全球应对气候变化的大背景下，世界低碳无碳化进程加快，构建清洁低碳、安全高效的现代能源体系是我国能源发展的必然趋势，对煤炭清洁高效利用提出了更高要求，也将会对煤炭消费产生重要影响。随着我国碳达峰、碳中和目标的不断推进，清洁能源加快发展，新增清洁能源发电装机将进一步替代一部分煤炭需求。2021年9月发布的《中共中央国务院关于完整准确全面贯彻新发展理念做好碳达峰碳中和工作的意见》明确提出，加快煤炭减量步伐，"十四五"时期严控煤炭消费增长，"十五五"时期逐步减少。

2.2.5 煤炭消费结构变化

煤炭消费仍处于高位平台期，消费结构不断优化。 从发展趋势上看，未来煤炭在一次能源消费中的比重会下降，但仍有刚性需求，特别是电力、冶金、建材、化工四大耗煤行业仍有较大的需求基本盘。同时，用煤结构进一步向重点行业集中，呈现"两增两稳一降"趋势。分行业看，目前我国人均用电量与发达国家还有较大差距，随着电气化水平提高和居民用电快速增加,未来电力需求仍有较大空间,带动电煤消费增长;冶金、建材行业煤炭消费基本达峰,考虑到我国城市化进程加快,基础设施建设对经济还有较大拉动作用,冶金、建材行业用煤将保持在当前水平或略有降低;受技术经济、国际油价、生态环保和水资源等因素影响,化工用煤需求不确定性较大,考虑煤制油、煤制气战略储备布局,新型煤化工还有较大用煤需求。散煤使用量将快速下降。总的来看,煤炭在能源消费中的比重会逐步下降,但需求总量仍将保持高位。

2.3 2022年煤炭消费分析

2.3.1 形势分析

经济基本面对煤炭需求拉动力度略有减弱,但总体上呈现稳健、适中状态。 从宏观经济形势来看,我国经济增长显现出质量和效益持续改善的趋势。2021年,在错综复杂的国际国内环境下,特别是面对全球新冠肺炎疫情持续冲击和国内疫情散发下,党中央准确判断形势,统筹疫情防控和经济社会发展,经济快速恢复性增长,经济结构持续优化。根据国家统计局公布的数据,2021年GDP增速为8.1%,两年平均增速5.1%。展望2022年,党中央将继续实施积极的财政政策和稳健的货币政策,宏观经济政策对经济增长的支撑作用进一步增强,固定资产投资增长整体保持平稳,在面对国外疫情持续,地缘冲突升级,外部环境更趋复杂严峻,国内疫情发生频次有所增多的情况下,全年经济仍将呈波动性增长,但承压较大,预计2022年GDP增速保持在3.5%左右,对能源需求仍将增加,随之也将拉动煤炭需求增长,但增长速度将有所下降。

非化石能源对煤炭的替代作用逐步增强。 从能源结构调整看,我国能源发展正处于油气替代煤炭、非化石能源替代化石能源的双重更替期,在有效利用国际资源,增加石油、天然气供应,保障能源安全的同时,顺应世界能源发展趋势,大力发展水电、核电、风电、太阳能等清洁能源,加快能源结构调整,与世界同步进入低碳能源时代,是我国能源发展的必然方向。我国已承诺二氧化碳排放力争2030年前达到峰值,努力争取2060年前实现碳中和,这对能源结构优化升级提出了更高要求,非化石能源比重将进一步大幅提高。但受全球天然气价格大幅上涨、俄乌冲突导致油气供应紧张等影响,全球煤炭需求短期内将有所上升。在保障我国能源安全的前提下,煤炭作为兜底能源,预计2022年煤炭消费略有增长,符合我国的特定国情和发展阶段。

2.3.2 主要耗煤行业煤炭消费分析

1. 电力行业煤炭消费预测

全社会用电量将平稳增长。 2022年,各方面将积极推出有利于经济稳定的政策,经济运行稳中向好,为2022年全社会用电量增长提供了最主要支撑,但外部环境依然复杂严峻,用电量增长不确定性仍然较大。综合考虑新冠肺炎疫情、国内外经济形势、电能替代等带动电气化水平稳步提升、上年基数前后变化等因素，在稳中求进工作总基调和国家宏观政策调节的大背景下，预计2022年全年全社会用电量将达到8.68万亿 kW·h，同比增长4.5%左右。

煤电装机及发电量继续增长，但增长速度和占全国比重下降。 截至2021年底，煤电装机容量11.1亿 kW，发电量5.03万亿 kW·h，分别同比增长2.8%、8.6%，分别占全国装机总量和发电总量的46.7%和60.0%。考虑电力结构持续调整、非化石电源持续加快发展，非化石能源装机比重进一步上升，煤电装机比重继续下降。预计2022年全国新增发电装机2.3亿 kW 左右，其中非化石能源发电装机1.8亿 kW 左右。预计2022年底全国发电装机容量将达到26亿 kW 左右，同比增长9.2%左右。其中，非化石能源发电装机13亿 kW，占总装机比重将上升至50%；煤电装机11.3亿 kW，同比增长1.8%，占总装机比重下降至43.5%。为保证全国电力供需总体平衡，预计全年全国煤电设备利用小时4520 h 左右，届时煤电发电量同比增长1.5%左右，发电量达到5.11万亿 kW·h。

发电用煤和供热用煤平稳增长。 随着电气化水平不断提高，电煤替代散煤作用逐步增强，电煤消费量将保持增长，预计2022年发电用煤量为23.32亿 t。我国将在符合条件的大中型城市继续建设大型热电机组，在热负荷稳定的工业园区和中小型采暖城市建设背压式热电机组，拉动供热用煤较快增长，预计2022年供热用煤3.76亿 t。因此，2022年电力行业煤炭消费量为27.08亿 t，见表2-6。

表2-6 电力行业煤炭消费预测

项　　目	2021年	2022年（预测）
煤电装机容量/亿 kW	11.10	11.30
煤电发电量/(万亿 kW·h)	5.03	5.11
煤炭需求量/亿 t	26.70	27.08
其中：发电用煤/亿 t	23.00	23.32
供热用煤/亿 t	3.70	3.76

2. 钢铁行业煤炭消费预测

钢铁需求略有下降。 2022年，随着全球经济预期复苏，全球钢材生产逐步恢复，国内钢材出口将相对放缓、有所下降；在"跨周期和逆周期"调控政策的托底下，固定资产投资有望进入上行周期，基建投资有望回暖，房地产投资下行筑底将拖累用钢需求；制造业用钢需求稳中有增，我国钢铁需求将小幅下滑；在能耗双控、低碳发展政策影响下，全国钢铁生产或仍将延续粗钢产量同比不增的政策导向，预计全年钢铁行业呈现短期波动、长期稳定态势，全年钢材需求量9.12亿 t，粗钢产量10.17亿 t，分别同比减少4.2%、3.4%。在钢铁保有量不断增加、废钢产量越来越多的情况下，铁钢比继续下降，届时生铁产量为8.54亿 t。

钢铁行业能耗指标继续下降，煤炭需求进入峰值平台期。 在技术进步等措施的推动下，钢铁行业综合能耗指标不断下降，煤炭需求难有大幅增长空间，将继续保持在高位平台期，预测2022年钢铁行业煤炭消费量6.70亿t，见表2-7。其中，炼焦用煤4.64亿t，燃料煤0.56亿t，喷吹煤1.50亿t。

表2-7 钢铁产量与煤炭消费量预测　　　　　　　　　　　　　　　　　　亿t

项　目	2021年	2022年（预测）
生铁产量	8.69	8.54
粗钢产量	10.53	10.17
煤炭消费量	6.83	6.70

3．建材行业煤炭消费预测

主要产品产量进入平台期。 2022年，在经济稳增长政策下，固定资产投资将保持规模稳定，继续发挥对宏观经济的托底作用，对建材行业经济运行形成基础支撑，基建投资仍将是拉动建材需求的主要动力，预计可维持平稳增长。总体上固定资产投资增速对建材市场需求增长拉动平稳，建材市场需求进入平台期。受房地产投资下行，能耗双控及政策性限产影响，预计2022年水泥产量21.66亿t，较去年有所下降，平板玻璃产量在9.95亿重量箱。

建材行业单位产品煤耗和耗煤量逐步下降。 "十四五"期间，在能耗双控政策措施影响下，对于资源消耗型、能源依赖型和环境敏感型的建材行业而言，节能减排仍将是重要任务之一。随着建材工业落后产能不断淘汰和新型干法水泥、浮法玻璃、新型墙体材料比重进一步提高，单位产品综合能耗下降空间较大。预测2022年建材工业煤炭消费量3.33亿t左右。

4．化工行业煤炭消费预测

传统煤化工产品产量增长空间有限。 氮肥在农业领域消费的增长幅度基本趋于稳定，尿素的需求增速也明显放缓，预计2022年煤基合成氨产量为4100万t。电石生产面临防治污染和减排制约，短期电石市场需求和消费结构不会发生大的变化，预计2022年产量在2830万t左右。甲醇的原料属性越来越强，未来市场需求仍有一定上升空间，预计2022年煤制甲醇产量为3450万t左右。

新型煤化工有较大增长空间。 综合考虑环境、水资源、能源转化效率、国家相关规划、已审批项目及政策影响等因素，随着新型煤化工关键技术日趋完善，示范工程进展顺利，新型煤化工开工率逐步上升，产量将进一步释放，预计2022年我国煤制天然气产量为49亿m^3，煤制油产量为810万t，煤制烯烃产量为1100万t。

综合以上分析，传统煤化工领域用煤需求已进入相对平稳期，在新型煤化工持续发展的带动下，化工行业耗煤量继续保持稳定增长，预计2022年煤炭消费量在3.28亿t，见表2-8。

表2-8 化工行业及主要产品煤炭消费量

指　　标	2021年	2022年（预测）
化工行业耗煤量/亿 t	3.04	3.28
1. 合成氨耗煤量/万 t	5494	5453
煤基合成氨产量/万 t	4131	4100
2. 电石耗煤量/万 t	1210	1212
电石产量/万 t	2825	2830
3. 甲醇耗煤量/万 t	6500	6900
煤制甲醇产量/万 t	3250	3450
4. 煤制油耗煤量/万 t	3542	3888
煤制油产量/万 t	738	810
5. 煤制天然气耗煤量/万 t	1584	1617
煤制天然气产量/亿 m^3	48	49
6. 煤制烯烃耗煤量/万 t	6572	6820
煤制烯烃产量/万 t	1060	1100
7. 其他耗煤量/万 t	5497	6910

5. 其他行业用煤需求预测

其他行业用煤呈下降趋势。 随着城镇燃气用户率、建筑集中供热普及率、用电水平等进一步提高，居民生活终端直接用煤量将逐步减少；铁路电气化改造不断推进，交通运输、仓储和邮政业煤炭需求将继续下降；沼气、液化石油气、电力（含小水电和风电）、太阳能等大力推广，农林牧渔水利业的煤炭需求也将进一步下降，预测2022年其他用煤需求将下降到2.06亿 t 左右。

6. 煤炭需求预测结果

通过以上对电力、钢铁、建材、化工四大耗煤行业以及其他用煤需求分析预测，2022年全国煤炭需求总量为42.45亿 t，较去年略有上升，见表2-9。

表2-9 2022年煤炭需求预测结果　　　　　　　　　　　　亿 t

行　　业	2021年	2022年（预测）
煤炭需求总量	42.29	42.45
1. 电力行业	26.70	27.08
2. 钢铁行业	6.83	6.70
3. 建材行业	3.62	3.33
4. 化工行业	3.04	3.28
5. 其他行业	2.10	2.06

2.3.3 分地区煤炭消费分析

随着近年来的区域产业梯度转移，我国中西部地区各省市开始逐步取代传统的东部地区各省市，成为"新常态"下培育中国经济增长的新动力。从我国主要耗煤行业来看，电力、钢铁、化工等煤炭需求增量较大的行业在国家宏观产业布局政策导向作用下，其发展布局持续发生变化，直接影响煤炭需求区域分布。随着特高压输电技术成熟和电网日趋完善，加之煤电基地建设持续推进，中西部地区电力需求不断增加，煤电建设布局进一步向西部转移，西部地区电煤消费增量明显。受铁矿石进口量增加和运输成本上升影响，未来我国40%以上的钢铁产能将转向沿海、沿江地区。化学工业煤炭需求增量主要集中在现代煤化工，且其增长以煤炭资源富集地区为主，如山西、陕西、内蒙古、宁夏、新疆、黑龙江、云南等省区。2022年各地区煤炭消费量见表2-10。

表2-10 2022年各地区煤炭消费量 亿t

地 区	2021年	2022年
合计	42.29	42.45
京津冀	3.05	3.01
晋陕蒙宁甘新	14.84	15.07
东北	3.59	3.61
华东	9.85	9.76
中南	6.94	6.88
云贵	2.24	3.29
川渝青藏	1.78	1.83

2.3.4 主要结论

在经济增长转为中高速增长、经济转型升级加快、供给侧结构性改革力度加大等因素共同作用下，能源消费强度降低，能源消费增速放缓。随着"双碳"目标提出，能源结构调整步伐进一步加快，清洁化、低碳化趋势明显，非化石能源对煤炭的替代作用增强，煤炭在一次能源消费中的比重呈下降趋势，煤炭消费控制力度进一步加大，煤炭消费进一步向中西部地区转移。随着国家继续实施积极的财政政策和稳健的货币政策，投资活力进一步激发，经济韧性进一步增强，经济运行保持在合理区间，2022年经济发展将带动煤炭需求继续增长，但增速放缓，全国煤炭需求量预计为42.45亿t。其中，电力行业耗煤27.08亿t；钢铁和建材行业耗煤量分别为6.70亿t、3.33亿t，较去年有所下降；化工行业耗煤3.28亿t，保持一定增长态势。

3 煤炭供给侧结构性改革

2021年随着各经济体重新开放并部署增长刺激计划,全球经济逐渐摆脱衰退并开始复苏。我国成功战胜疫情汛情等多重挑战,全年GDP比上年增长8.1%,两年平均增长5.1%,在全球主要经济体中名列前茅。在新冠肺炎疫情、极端天气、经济复苏、能源低碳转型等多因素共同作用下,我国煤炭需求超预期增长,煤炭市场运行大幅波动,出现阶段性供应紧张局面,党中央、国务院统筹疫情防控、能源安全和经济社会发展,果断推出系列煤炭保供稳价措施,及时解决了煤炭产运销用等产业链各环节的矛盾与问题,促进了煤炭供需平衡和煤价逐步回归理性,保障了能源安全稳定供应。2022年,国际能源供需形势错综复杂,受安全环保约束、疫情反复、极端天气等不确定因素影响,还可能出现区域性、时段性、品种性的煤炭供需失衡情况,为保障能源安全稳定供应,预计全国煤炭产能将进一步释放,产量还将保持适度增长。

3.1 2021年煤炭供应情况

3.1.1 煤炭产量创历史新高

1. 原煤生产总量创历史新高,突破40亿t

根据国家统计局数据,2021年我国原煤产量达到41.3亿t,同比增长5.7%,比2013年增长约1.5亿t,为历史新高,并继续位列世界第一,如图3-1所示。

2. 除6月和7月外,其他月份煤炭产量均处于同比增长状态

1—2月去冬今春高强度保供带来煤炭产量大幅增长,两个月煤炭产量达到6.58亿t,同比增长26%,同时带来短暂的煤炭供应宽松局面;3—5月随着煤炭超产能正式入刑、安全监察和环保督察趋严,煤炭产能释放趋缓,三个月累计煤炭产量9.89亿t,同比仅增加1.1%,煤炭供应偏紧局面开始显现;6—7月煤炭产量合计同比减少1480万t,降幅2.3%;8—9月煤炭产量合计同比增加1240万t,

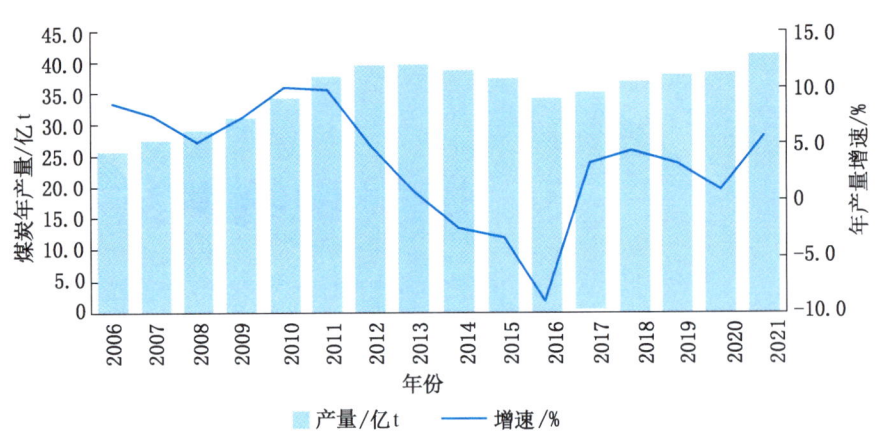

图 3-1　2006—2021 年全国煤炭产量变化情况

增幅 1.9%，但 9 月产量比 8 月有所减少，煤炭供应偏紧局面逐步加剧；四季度为应对煤炭供应紧缺局面，党中央、国务院作出一系列重大部署，煤炭主产地紧急扩能和应急增产，全国日均产量突破 1200 万 t，连创历史新高，三个月累计煤炭产量 11.4 亿 t（其中 12 月产量 3.8 亿 t，创单月产量新高），同比增长 7.4%，筑牢了人民群众温暖过冬和经济社会发展的能源保障底线，如图 3-2 所示。

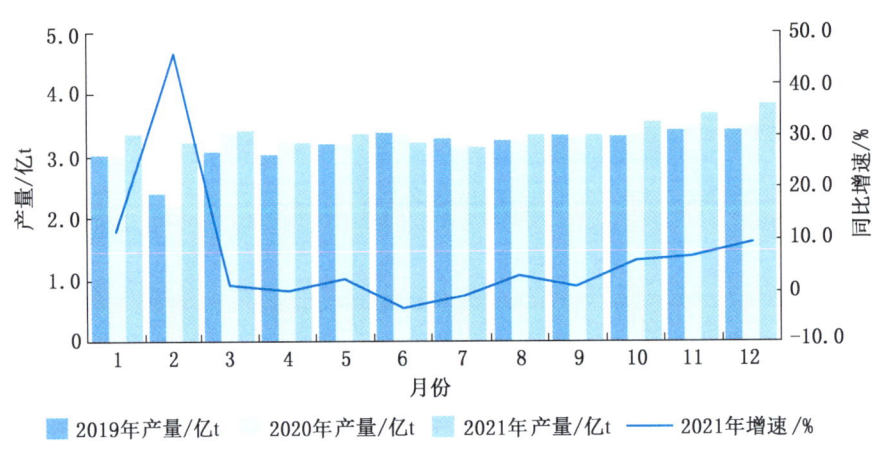

图 3-2　全国煤炭月度产量同比情况

3.1.2　生产集中度不断提高

2021 年，全国原煤产量超 3000 万 t 企业共 20 家，产量合计为 26.56 亿 t，同比增加 7870 万 t，增长 3.1%，占全国原煤产量的 65.3%。其中，亿吨级以上企业 6 家，分别为国家能源集团（5.7 亿 t）、晋能控股集团（3.8 亿 t）、山东能源集团（2.6 亿 t）、中煤能源集团（2.5 亿 t）、陕煤化工集团（2.1 亿 t）和山西焦煤集团（1.7 亿 t），

5000万～1亿t企业9家，3000万～5000万t企业5家。2021年亿吨级煤炭企业原煤产量及增速如图3-3所示。

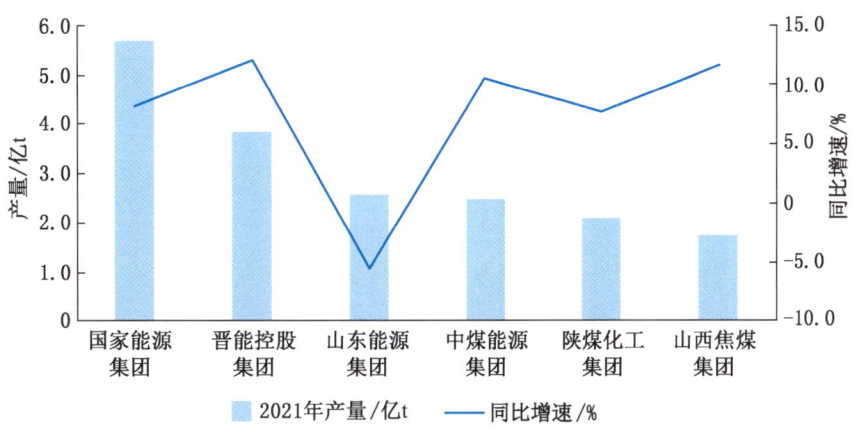

图3-3　2021年亿吨级煤炭企业原煤产量及增速

3.1.3　煤炭库存偏低、波动较大

社会库存总量方面，2021年全年呈现"V"形走势，最高为12月的2.85亿t，同比增加5.29%，其余月份均低于2020年同期，最低为8月和9月均不足2亿t（同比分别降低36.3%和36.2%）；重点电厂库存方面，由于持续出现供应紧张局面，1—10月均同比下降，9月仅有约4600万t（同比降低45.2%），经过全国上下共同努力，11月和12月电厂库存紧张缓解，12月提高到9000万t（同比增加35%），如图3-4所示。

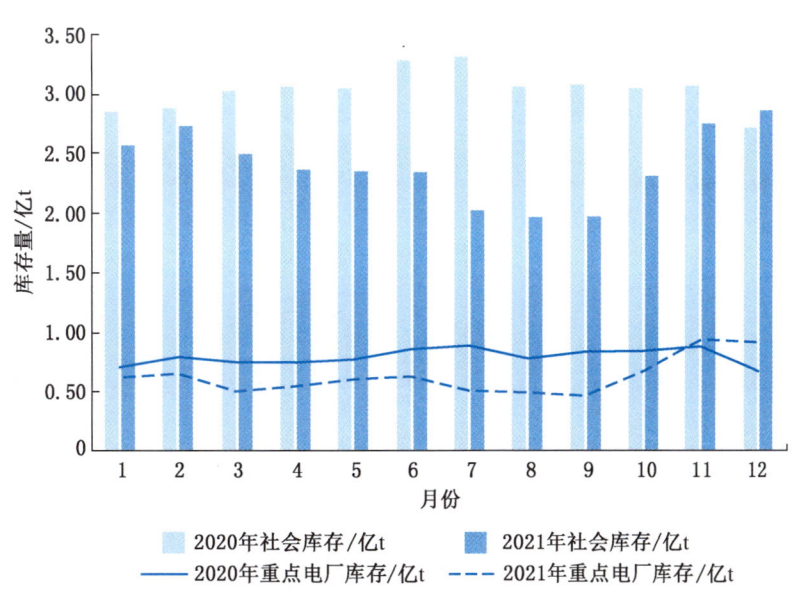

图3-4　2020年和2021年我国煤炭库存情况

3.1.4 煤炭进口总量增长、进口国别调整

1. 煤炭进口创 2014 年以来新高

2021 年进口煤炭 3.23 亿 t，仅次于 2013 年的 3.27 亿 t，净进口 3.21 亿 t，创历史新高，如图 3-5 所示。分时段看，1—9 月月均进口 2564 万 t、累计负增长 3.7%，其中前 5 个月月度进口均为负增长、累计负增长 25.3%，6—9 月份月度转为正增长，但未扭转累计负增长的局面；10 月开始累计进口量转为正增长，10—12 月月均进口 3098 万 t，同比增长 44.2%，如图 3-6 所示。

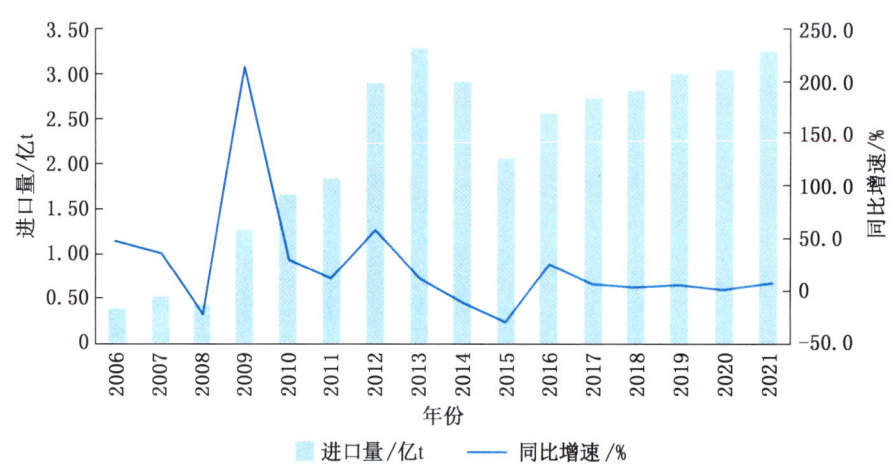

图 3-5 2006—2021 年我国煤炭进口情况

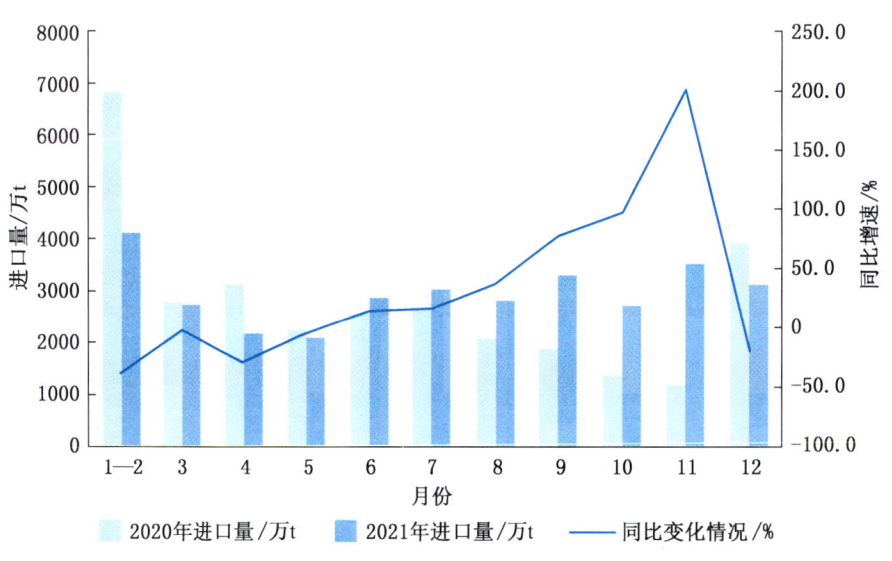

图 3-6 2020 年和 2021 年全国煤炭月度进口量情况

2. 进口国别发生重大变化、俄罗斯成为第二大来源国

印度尼西亚作为第一大来源国地位更为巩固，进口量达到1.96亿t，同比增加38.8%；俄罗斯取代澳大利亚成为第二大来源国，进口量达到0.57亿t，同比增加44.1%。

3. 进口煤种仍以烟煤为主、总体量增价涨

烟煤进口量同比减少14.2%，但仍是我国进口量最大的煤种，2021年共进口13707.7万t，占比42.4%。其中，炼焦煤进口5469.8万t，占比16.9%；其他烟煤进口8237.9万t，占比25.4%。褐煤次之，进口量为11910.9万t，占比36.8%。炼焦煤和其他烟煤进口量分别同比减少24.6%、5.6%，褐煤、无烟煤、其他煤进口量分别同比增加20.0%、18.5%、56.6%。所有煤种进口均价均同比上升，其他煤、褐煤进口均价增幅最大，分别达到106.4%、93.8%；其余煤种进口均价增幅在66%~73.5%，见图3-7和表3-1。全年煤炭进口金额2319.3亿元，同比增加64.1%。

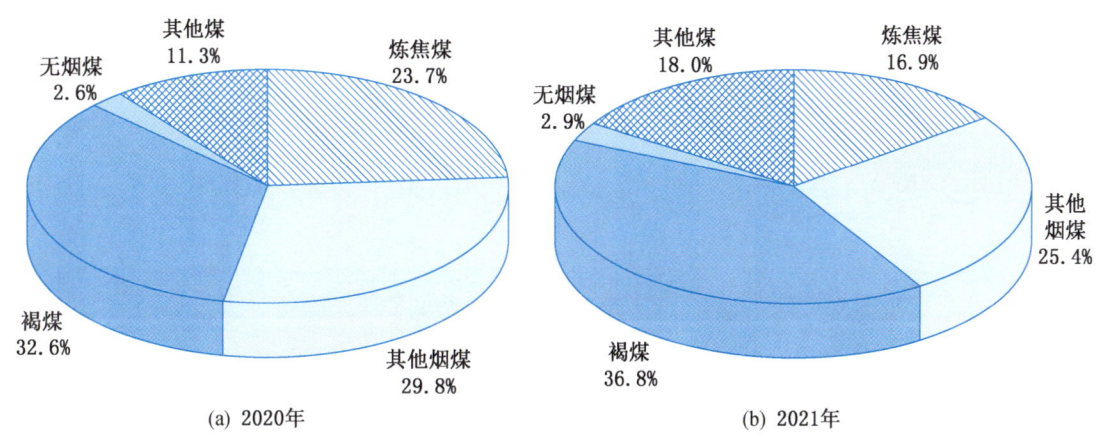

图3-7 2020年和2021年中国进口分煤种构成变化

表3-1 2021年中国主要进口煤种进口情况

商品名称	进口量/万t	同比/%	进口均价/(美元·t⁻¹)	同比/%
烟煤	13707.7	−14.2	142.4	+64.3
其中：炼焦煤	5469.8	−24.6	201.5	+73.5
其他烟煤	8237.9	−5.6	103.2	+66.0
褐煤	11910.9	20.0	75.2	+93.8
无烟煤	924.0	18.5	145.3	+71.3
其他煤	5825.3	56.6	102.6	+106.4

3.1.5 煤炭价格由持续攀升到理性回归

1. 坑口煤价最高达到 2000 元左右、冲高后快速回落

受需求拉动等影响，主产地坑口煤价从 3 月开始持续攀升，进入 9 月后加速上扬，到 10 月下旬创出历史天价，如图 3-8 所示。其中，鄂尔多斯 5500 大卡电煤坑口价最高达到 1775 元/t，较年初提高 250%；榆林 5800 大卡动力煤坑口价最高达到 1880 元/t，较年初提高 284%；大同 6000 大卡弱黏煤坑口价最高达到 2010 元/t，较年初提高 256%；此后在保供稳价政策干预下，坑口煤价快速理性回归，年底上述三大主产地坑口煤价分别回落至最低 665 元/t、800 元/t、720 元/t，但仍比年初高出 32%、63%、27%。

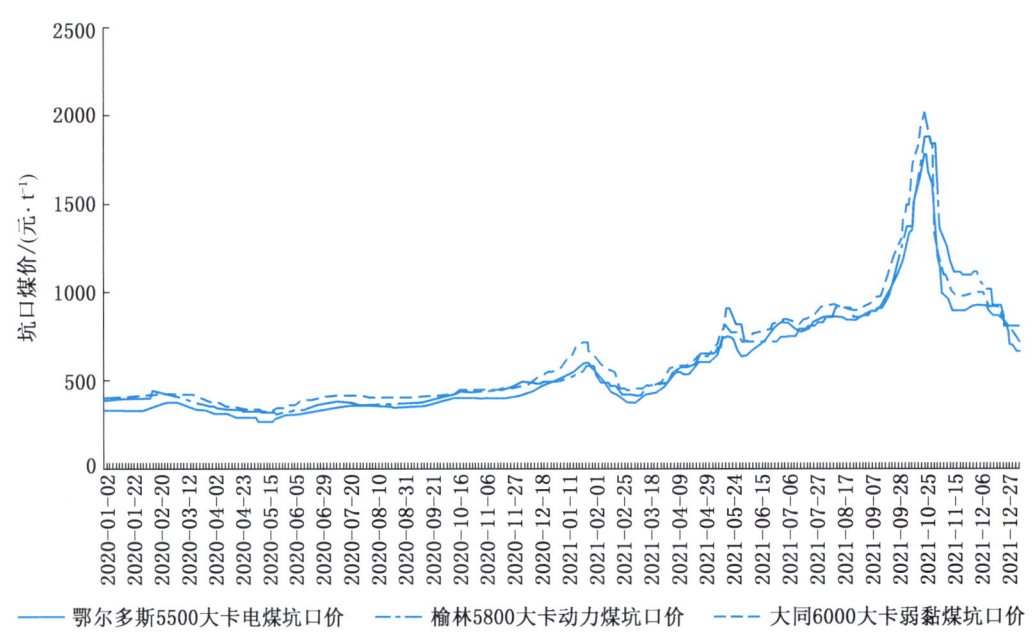

图 3-8 2020 年和 2021 年煤炭主产地坑口煤价变化情况

2. 港口煤价前低后高两次"过山车"，全年大起大落

2021 年，秦皇岛 5500 大卡动力煤平仓价呈现两次明显的周期性波动，如图 3-9 所示。先是由年初的 840 元/t 升最高至 1 月中旬的 1015 元/t，后在强力保供叠加淡季因素影响下，快速回落至 2 月底的 571 元/t。随后在煤炭需求持续增长、产量滞涨和进口减量的共同作用下，3 月至 8 月波动上行，8 月底突破 1100 元/t；9 月至 10 月中旬加速上行，最高达到 10 月 18 日的 2600 元/t；此后系列保供稳价政策陆续见效，港口煤价快速理性下行，到 11 月上旬就已回落至 1100 元/t 左右，短暂持稳后继续下挫，到年底降至 793 元/t，已低于年初和上年底水平。

3. 长协煤价突破"500～570 元/t"绿色区间

2021 年，年度长协煤价最低 569 元/t，最高 754 元/t，全年均值 648 元/t，同比上升 19.4%，打破连续四年在 500～570 元/t 绿色区间波动运行的格局，如图 3-10

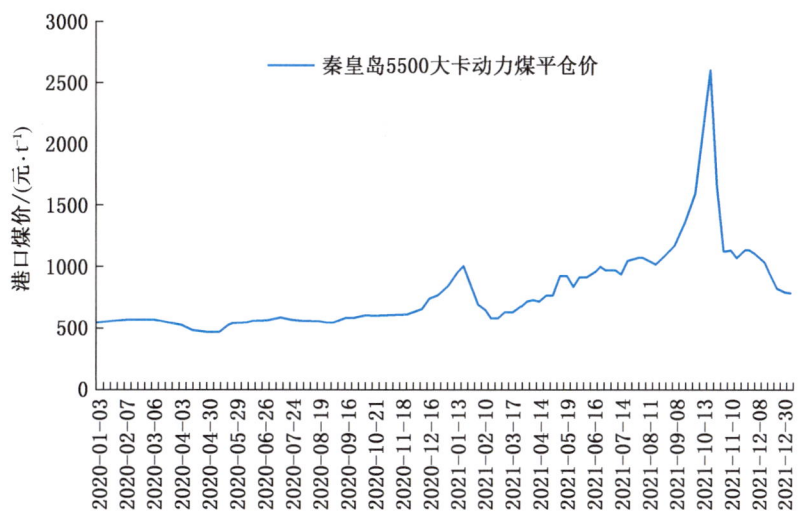

图 3-9　2020 年和 2021 年港口煤价变化情况

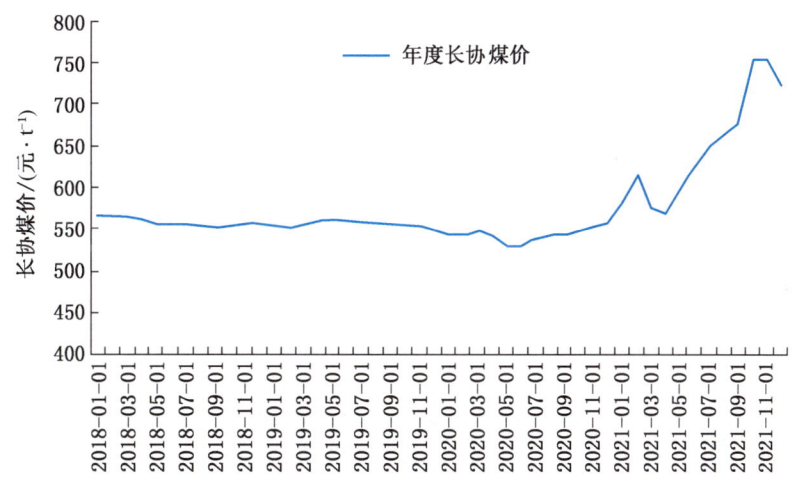

图 3-10　2018—2021 年长协煤价变化情况

所示。

3.2　2021 年煤炭产能结构与现状

3.2.1　煤炭产能结构持续优化

1. 为保障煤炭供应，紧急核增 3 亿 t 产能

2021 年四季度煤炭保供期间，相关部门将五批次共数百处符合安全增产保供条件的煤矿列入应急保供名单，增加煤炭产能约 3.2 亿 t/年。

2. 部分省区继续推进落后产能关闭退出

根据各省份公告的2021年去产能完成情况，全国累计关闭退出煤炭产能2956万t/年，退出产能集中分布在重庆、贵州等省（区、市），见表3-2。

表3-2 2021年全国部分省（区、市）煤炭去产能完成情况

省（区、市）	关闭煤矿数量/处	产能/(万t·年$^{-1}$)
重庆	14	1150
贵州	51	945
内蒙古	6	330
河南	15	231
湖南	23	174
四川	7	77
宁夏	1	30
广西	1	10
黑龙江	1	9
合计	119	2956

3.2.2 煤炭有效产能不断增加

1. 煤炭有效产能进一步提高

2021年全国仅有山西、内蒙古等10省区公告了煤矿产能情况，产能合计39.66亿t/年，见表3-3。结合2020年公告情况及2021年去产能情况，对全国煤矿产能进行综合估算，截至2021年底全国有效产能提升至约42.5亿t/年，比2020年增加约0.9亿t/年。

表3-3 2021年全国部分省（区）煤炭公告产能情况

省（区）	数量/处	产能/(万t·年$^{-1}$)
山西	703	122890
内蒙古	381	115135
陕西	370	74735
新疆	90	29994
宁夏	45	12495
吉林	27	1909
辽宁	25	3600
山东	99	12991
云南	124	6790
贵州	272	16047

注：山西、内蒙古、辽宁、吉林、山东为2021年底，陕西、贵州、宁夏为2022年1月，云南为2021年11月，新疆为2021年6月。

2. 产煤省（区）产量继续分化，河南和山东退出亿吨级行列

2021年，全国23个产煤省份中有13个省（区）实现同比增长，如图3-11所示。其中湖北、新疆、山西增幅较大，分别为39.6%、18.3%和10.5%，10个减产省份中湖南（-31.3%）、江西（-25.1%）、福建（-17.5%）、山东（-16.0%）、吉林（-11.8%）、河南（-11.6%）、四川（-10.2%）降幅较大。有6个省份规模以上企业原煤产量超亿吨，即山西（11.93亿t）、内蒙古（10.39亿t）、陕西（7亿t）、新疆（3.2亿t）、贵州（1.35亿t）、安徽（1.13亿t），6省份产量合计35亿t，同比增长6.68%，占全国总产量的85.9%，河南（0.93亿t）、山东（0.93亿t）退出亿吨级行列。

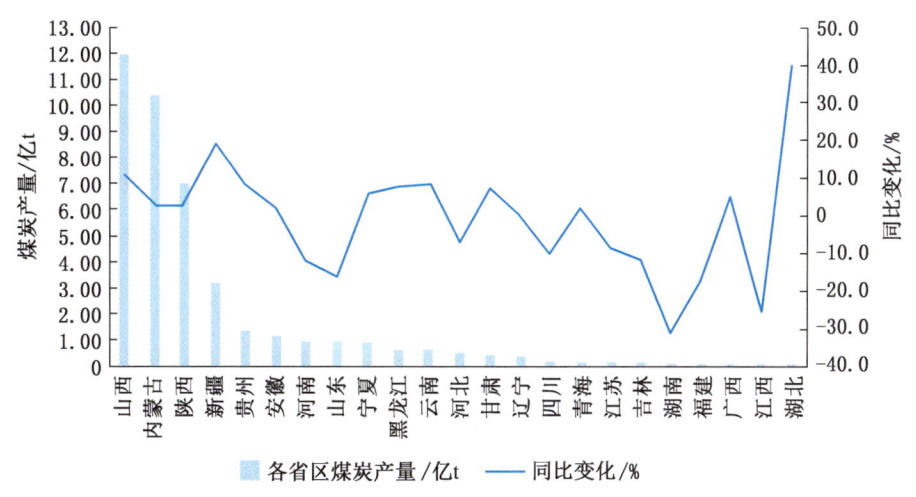

图3-11　2021年全国各省（区）煤炭产量及变化情况

3. 煤炭生产进一步向晋陕蒙"三西"地区集中

山西、内蒙古、陕西作为全国煤炭增产保供的重心，一直发挥着"压舱石"作用，2021年三省（区）分别增产1.30亿t、0.38亿t、0.21亿t，产量合计为29.30亿t，占全国的比重由2013年的62%持续提高到2021年的72%，比2020年提高0.6个百分点，如图3-12所示。

3.3　2022年煤炭供应分析

3.3.1　产能预计提高到42.5亿t

1. 煤炭在我国能源结构中的基础和兜底保障作用日渐深入人心

近两年，习近平总书记多次就"碳达峰、碳中和"以及煤炭发展问题发表重要讲话，在2022年两会期间再次强调"绿色转型是一个过程，不是一蹴而就的事情。要先立后破，而不能够未立先破。富煤贫油少气是我国的国情，以煤为主的能源结构短期

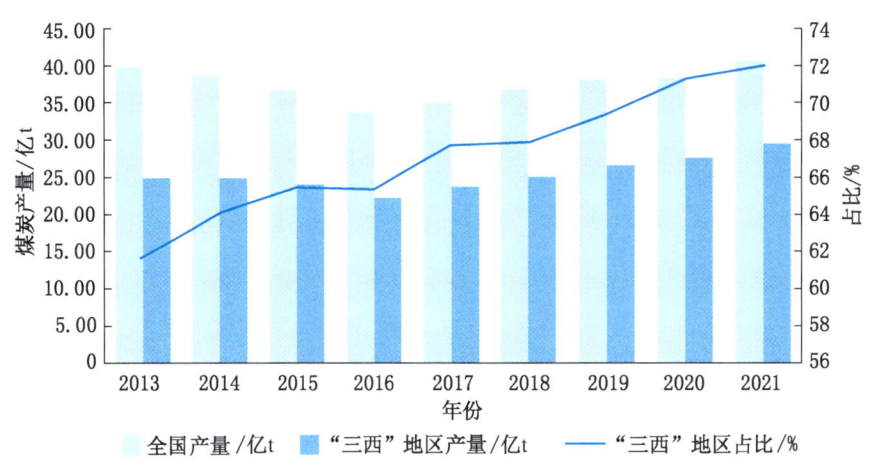

图 3-12 中国三西地区产量及占比

内难以根本改变"。在全球积极应对气候变化背景下,煤炭对我国经济发展的作用、贡献以及在能源供应体系中的地位逐渐得到理性认识,夯实了煤炭产业高质量发展的基本环境。

2. 保供仍是能源工作要务,煤炭产能进一步释放,供应能力进一步增强

2022 年全国能源工作会议强调,要全力保障能源安全,继续发挥煤炭"压舱石"作用,有效发挥煤电基础性调节性作用,扎实提升电力安全保供能力。2022 年《政府工作报告》提出要确保粮食能源安全,保障民生和企业正常生产经营用电,增强国内资源生产保障能力。国家能源局《2022 年能源工作指导意见》提出以保障能源安全稳定供应为首要任务,着力增强国内能源生产保障能力,切实把能源饭碗牢牢地端在自己手里。2021 年长协煤价的整体抬升,以及"570~770 元/t"新绿色区间的设定,反映了未来一段时间煤炭供需仍会持续偏紧,为避免短期煤炭"天价"再次出现,一定量的煤炭储备能力虽能增强调节的灵活性,但释放产能、增加产量才是根本途径。2022 年国家及主要产煤省区将多措并举进一步释放煤矿产能,见表 3-4。其中 2021 年煤炭保供期间列入应急保供名单的煤矿新增产能,在 2022 年陆续释放达产,为煤炭供应贡献了增量;同期采取的露天矿用地手续批复、联合试运转到期煤矿延期、在建煤矿加快投产等保供举措,也将继续在 2022 年产生实效;与此同时,东部等资源枯竭地区继续实施少量落后产能退出,总体上增量大于减量,预计全国煤炭有效产能将提高到 42.5 亿 t 左右。

3.3.2 产量预计提高到 44 亿 t 左右

1. 稳增长带动煤炭需求继续增加

2022 年将召开中国共产党的第二十次全国代表大会,国家面对新的下行压力,把稳增长放在更加突出的位置,全年国内生产总值预期目标为增长 5.5% 左右,为此将积极推出有利于经济发展的政策,着力稳定宏观经济大盘。从用煤行业看,全社会用

表3-4 全国及主要产煤省（区）2022年能源保供相关举措

国家能源局《2022年能源工作指导意见》	加强煤炭煤电兜底保障能力。统筹资源接续和矿区可持续发展，有序核准一批优质先进产能煤矿。加快推进在建煤矿建设投产，推动符合条件的应急保供产能转化为常态化产能。以示范煤矿为引领，加快推进煤矿智能化建设与升级改造。深化煤矿安全改造
山西2022年能源工作会	以保障国家能源安全为根本，坚持"稳煤、优电、增气、上新、提效"工作思路，大力推进煤矿智能化改造，稳步推进煤矿绿色开采试点，有序释放煤炭先进产能，适度布局先进产能接续
内蒙古2022年能源工作会	全力做好能源保供工作，做好电煤中长期合同履约监管，全力推动煤矿手续办理，有序释放煤炭先进产能，压实盟市属地责任和企业主体责任，确保发电机组应发尽发、多发满发
陕西2022年能源工作会	继续做好"六稳""六保"工作，深入推动能源革命，全力以赴保障能源安全，支撑经济社会平稳运行
贵州2022年能源工作会	确保能源有效供给，确保煤炭及能源生产安全，确保能源产业高质量发展。千方百计加快释放煤炭产能产量，不折不扣落实电煤中长期合同任务
安徽2022年能源工作会	认真落实中央及省委经济工作会议、全国能源工作会议决策部署，着力加快能源重大项目建设，着力保障能源安全稳定充足供应

电增速预计为5%以上，电煤需求进一步增长，加大基础设施建设投资会带动钢铁和建材业用煤稳中有增，国际高位油价将刺激煤化工提高开工率，其他行业用煤继续下降但空间不大，总体判断2022年我国煤炭需求将比2021年增长1亿t左右。

2. 煤炭进口比2021年大幅下降，可能高达1亿t左右

2022年全球能源市场更加复杂多变，国际煤炭贸易格局将发生重大调整，我国煤炭进口预计维持2021年整体局面。俄乌冲突加剧国际煤炭供应紧张，国际煤价持续高位，与我国国内长协煤价形成严重倒挂情况下影响我国进口规模；中澳贸易关系尚未改善，澳煤进口仍然受限，但不排除通过东南亚等国家转籍后出口我国的可能；俄罗斯、蒙古国均有增大对我国煤炭出口的意愿和计划，特别是在"打造更加紧密的中俄能源合作伙伴关系"背景下，我国进口俄罗斯煤炭总量有望进一步提升；综合来看，预计2022年我国煤炭进口比2021年大幅下降，降幅在30%左右。

3. 全国煤炭产量预计为44亿t左右

综合考虑煤炭需求、进口以及煤炭储备能力建设，为有效保障能源供应安全，预计2022年全国煤炭产量在44亿t左右，增速较2021年进一步提高。

4 煤炭运输

2021年，我国煤炭运输能力进一步提升。煤炭铁路运量完成25.8亿t，再创历史新高；开展发电供暖用煤运输保供专项行动，全力完成电煤保供攻坚战；大秦、朔黄、呼哈等主要煤运通道运量保持稳定增长；和顺至邢台、淖毛湖至将军庙、天水至陇南运煤铁路建设，进一步完善了我国铁路运输格局。受国内煤炭消费需求旺盛、煤炭进口政策调整的影响，煤炭海运需求快速增长，北煤南运作用进一步强化，沿海港口对保证我国煤炭稳定供应、保障国家能源安全的作用进一步发挥。全国沿海港口完成煤炭吞吐量约23.85亿t，环渤海、长江三角洲和珠江三角洲三大区域煤炭吞吐量占比达到89.8%；外贸煤炭接卸量、一次煤炭下水量等均保持增长态势。煤炭水路多式联运蓬勃发展，尤其是海进江运输在区域煤炭调运格局中的地位不断提升。

4.1 2021年煤炭铁路运输

4.1.1 煤炭铁路运量再创历史新高、全面完成保供任务

2021年铁路行业全面贯彻落实党中央和国务院各项决策部署，深化运输供给侧结构性改革，继续推进运输结构调整，实现了铁路货运量特别是煤炭运量的强劲增长。围绕扩充主要煤运通道货运能力，组织浩吉、瓦日等主要煤运通道开行万吨循环列车，实施石太线挖潜提效工程，完善重点港口后方通道布局。根据新冠肺炎疫情变化和货运增量需要，优化调整普速繁忙干线客货列车结构，最大限度提升煤运能力。

针对各地一度出现的电力、煤炭供应紧张，干扰影响经济社会正常秩序的突出矛盾，铁路部门迅速作出反应，利用全路"一张网"和运输集中统一指挥的优势，在国铁集团和铁路局集团公司成立两级保供运输办公室，建立三级保供对接机制，及时调整运输结构，增加煤运能力，坚守电煤保供底线，确保电煤和国家重点物资运输。

在艰难时刻充分发挥了铁路在综合交通运输体系中的骨干作用,在关键领域有力维护了国家能源安全和经济社会平稳运行。

1. 煤炭铁路运量再创历史新高

2021年全国铁路完成煤炭运量25.8亿t,比上年增加2.2亿t、增长9.3%,再次达到历史最高水平。其中国家铁路完成18.2亿t,比上年增加1.3亿t、增长7.7%;以国家能源集团、伊泰集团等为主的企业铁路及地方铁路合计完成7.6亿t,同比增加0.9亿t、增长13.4%,如图4-1所示。

煤炭铁路运量占货运总量的54.6%,煤炭产运系数达到0.624,均接近历史高位。

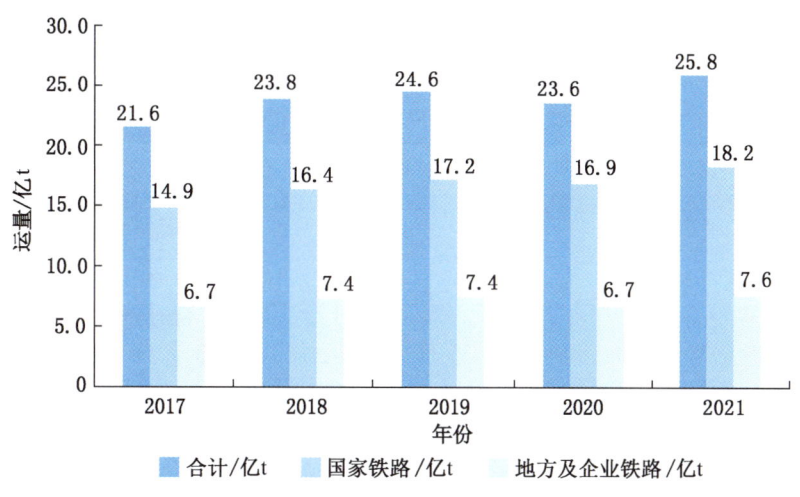

图4-1　2017—2021年煤炭铁路运输情况

2. 全面完成煤炭保供目标任务

在顺利完成2021年初和上半年电煤保供50天专项行动、迎峰度夏电煤保供专项行动的基础上,下半年深入贯彻落实党中央、国务院决策部署,把电煤运输保供作为促进经济社会发展、服务保障民生的政治任务,实施发电供暖用煤运输保供专项行动,全力打好电煤保供攻坚战。全年完成电煤运输量20.0亿t,同比增加2.8亿t、增长16.2%,电煤运量比重达到77.5%。"四季度"国家铁路电煤日均装车突破6万车、同比增长25.5%,单日装车屡次刷新历史纪录。至2021年底,全国363家铁路直供电厂存煤总量7099万t,较9月底增加4117万t,可耗天数23天,实现库存15天以下电厂动态清零,圆满完成了煤炭保供各项任务。

3. 主要煤运通道运量大幅提高

主要煤运通道大秦线完成4.21亿t,比上年增加1600万t、增长4.0%;朔黄线完成3.64亿t,增加6400万t、增长21.3%;唐呼线完成1.10亿t,增加2800万t、增长35.0%;瓦日线完成1.02亿t,增加2700万t、增长36.0%;浩吉线完成5830万t,增加3200万t、增长125%。国家能源集团黄大铁路作为朔黄铁路的延伸线,开通第一年实现 1150 万 t 煤炭运量，有效缓解了山东省煤炭供应紧张状况。

4. 煤炭外运继续向核心区集中

承担晋陕蒙（西）核心区煤炭外运的太原、呼和浩特和西安铁路局（有限公司）合计完成煤炭运量 10.1 亿 t，比 2020 年增长 0.89 亿 t，占国家铁路全年增量的 75.0%，占国铁运煤总量的 55.5%、比上年提高 1.3 个百分点，如图 4-2 所示。

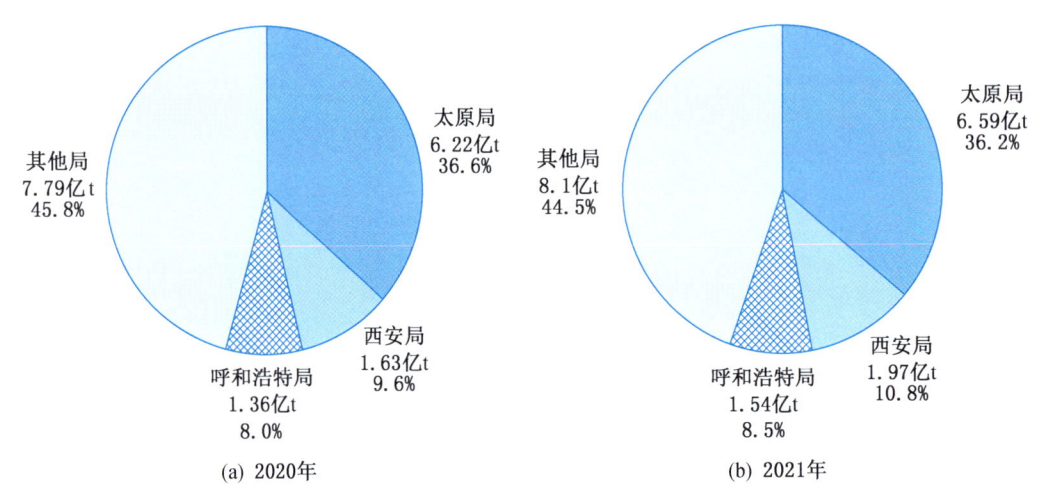

图 4-2 2020 年和 2021 年煤炭核心区铁路运输情况

5. 疆煤外运同步实现高速增长

2021 年经铁路出疆煤外运量达到 4300 万 t，比上年大幅增加 900 万 t、增长 26.5%。与此同时，疆煤辐射的区域市场逐步扩大，除传统的河西走廊地区外，去往西南地区的运量稳定提高，并进一步拓展至中南、华东地区。

4.1.2 运煤铁路建设调整运输结构、完善运输格局

2021 年新建和顺至邢台铁路铺轨完成，进一步完善山西省中东部地区煤炭运输格局。同时开工建设淖毛湖至将军庙铁路、天水至陇南铁路，对推动新疆煤炭基地加快开发，扩大陇东煤炭基地向西南地区的供应能力，均将发挥突出作用。

1. 和顺至邢台铁路

由山西、河北两省与国家铁路集团公司合资建设项目，全长 142.4 km，为Ⅰ级、单线、客货共线铁路。线路东端与京广、邢（台）黄（骅）及邯（郸）济（南）铁路相连，西接阳（泉）涉（县）铁路，设计运输能力 4000 万 t/年。建成后，将开辟晋煤东运至东部地区新的出海运输大通道，进一步增强山西中东部地区煤炭外运能力，同时可充分改善该地区煤炭、钢铁、铁矿石等大宗货物长期依赖公路运输的不利局面，全面适应"公转铁"和运输结构调整政策要求，助力实现打赢蓝天保卫战目标。

2. 淖毛湖至将军庙铁路

2021 年 4 月，淖毛湖至将军庙铁路项目正式开工建设，为新疆"十四五"期间首

条开工建设的铁路项目。线路位于哈密市和昌吉回族自治州境内，全长430 km，设计时速120 km/h，是以货运、重点以煤运为主的区域路网干线，为Ⅰ级、单线（部分双线）、电气化线路，设计能力近期5000万t/年，远期1亿t/年。该线东端与新疆广汇集团控股建设的红淖铁路相接，向西经过淖毛湖、巴里坤矿区，西端与乌将铁路相连，同时连通兰新铁路、额哈铁路，形成出疆北部新通道，是华北—西北运输通道的重要组成部分，也是准东、三塘湖、淖毛湖、巴里坤等矿区建设开发重要的交通设施和"疆煤外运"集运线路。全线计划于2023年9月建成运营。

3. 天水至陇南铁路

新建天水至陇南铁路（天陇铁路）位于甘肃省东南部的天水、陇南两市境内，是具有脱贫攻坚作用、国土开发性质的区域性客货共线铁路。线路北端与天水（平凉）铁路相接，并与陇海线相连，同时衔接宝（鸡）中（卫）、西（安）平（凉）等路网干线，南端接轨于兰（州）渝（重庆）铁路陇南站，整体呈东北—西南走向，全长217.3 km，为Ⅰ级、单线（远期部分双线）、电气化铁路，设计运输能力2000万t/年。预计于2025年左右建成运营。

该线可成为从陇东煤炭基地供应西南地区新的直达运输通道，对加快推动甘肃省东部煤炭资源富集区开发，保障川渝地区煤炭稳定供应，促进甘肃省经济社会可持续发展具有积极意义。

4.2　2021年煤炭水路运输

2010年后，随着煤炭供求格局的变化，我国煤炭水路运输的基本格局由"国内煤炭北煤南运＋外贸出口"转变为"国内煤炭北煤南运＋外贸煤炭进口"；海运煤炭的服务范围由传统的南方七省市扩大到环渤海地区、长江中游四省。2021年受国内煤炭消费需求旺盛和供应持续偏紧的影响，沿海沿江地区对海运来煤依赖进一步增强，煤炭海运需求快速增长。受煤炭进口政策调整的影响，北煤南运作用进一步强化。沿海港口对保证我国煤炭稳定供应、保障国家能源安全的作用进一步发挥。

4.2.1　煤炭水路运输作用凸显

1. 煤炭海运需求总体保持稳定增长

2021年全国沿海港口完成煤炭吞吐量（大沿海口径，包括长江南京以下港口）约23.85亿t，同比增长11.2%，增速较上年增长了14.2个百分点，如图4-3所示。

从各区域吞吐量完成情况看，环渤海、长江三角洲和珠江三角洲依然是煤炭运输的重点区域。2021年三大区域完成煤炭吞吐量分别为10.19亿t、8.53亿t和2.70亿t，分别占总量的42.7%、35.8%和11.3%；东南沿海和西南沿海分别完成1.24亿t和1.19亿t，分别占总量的5.0%、5.2%，如图4-4所示。从增长速度看，随着我国煤炭产能的持续、深度调整，长三角、珠三角、中部地区、广西和福建等地区煤炭缺口增加，海运调入量快速增长。2021年，除环渤海港口外的其他区域港口群煤炭吞吐量

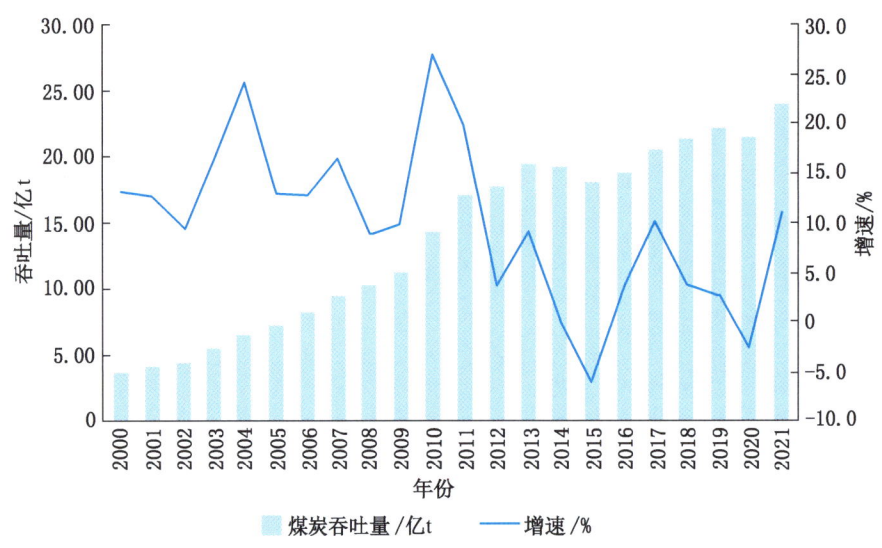

图 4-3 2000—2021 年沿海港口煤炭吞吐量及增速情况

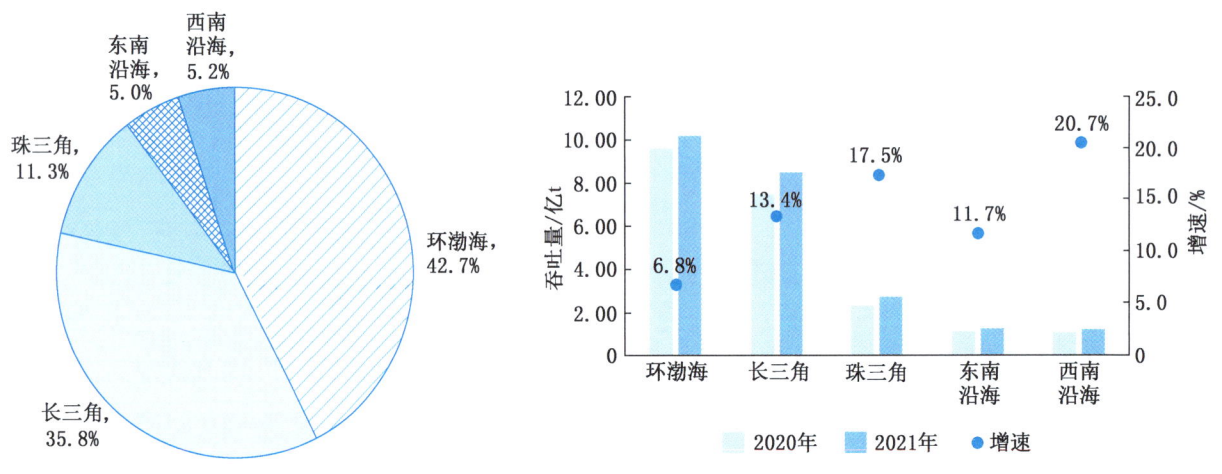

图 4-4 分区域港口煤炭吞吐量比重、规模及增速

均实现了两位数以上的增长，其中西南沿海港口煤炭吞吐量增速达 20.7%。

2. 外贸煤炭接卸量显著增长

与 2020 年相比，2021 年沿海港口外贸煤炭接卸量呈显著恢复增长态势，全年完成 2.96 亿 t，同比增长 21.8%，增速较去年同期提高 32.9 个百分点。

主要海运煤炭进口国中，从澳大利亚进口煤炭规模大幅下滑至 1171 万 t，降幅达 85%；从印度尼西亚和俄罗斯进口煤炭规模大幅增长，分别为 1.96 亿 t 和 5700 万 t，增幅达 39% 和 44%；从菲律宾、哥伦比亚、加拿大、南非等国家进口煤炭的规模显著提升，外贸进口煤源地进一步多元化。

从全年情况看，沿海港口外贸进口量总体呈现"前低后高、年末加速"的特点。

一、二季度，国家通过向海关和主要进口商发放配额等方式对进口煤施行较为严格的政策控制，加之去年同期基数较高，煤炭水运进口量与去年同期基本持平；三季度起，国内煤炭消费需求走高，煤炭供应趋紧，为保障国内煤炭供应，进口量大幅增长；第三季度、第四季度煤炭水运进口量分别为0.79亿t和0.76亿t，同比增长45.6%和62.0%，如图4-5所示。

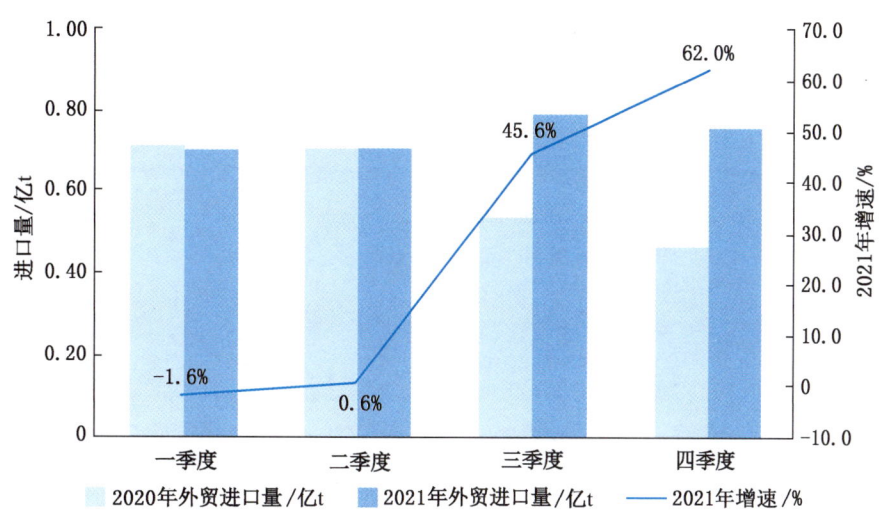

图4-5　2020年和2021年沿海港口分季度煤炭外贸进口量

3. 煤炭一次下水量总体平稳

受国内煤炭消费需求旺盛和限制澳煤进口影响，北煤南运作用进一步强化。2021年，沿海煤炭一次下水量为8.72亿t，因煤炭需求增长旺盛、去年基数较低等原因，同比增长10.2%，增速提升了12.2个百分点，如图4-6所示。

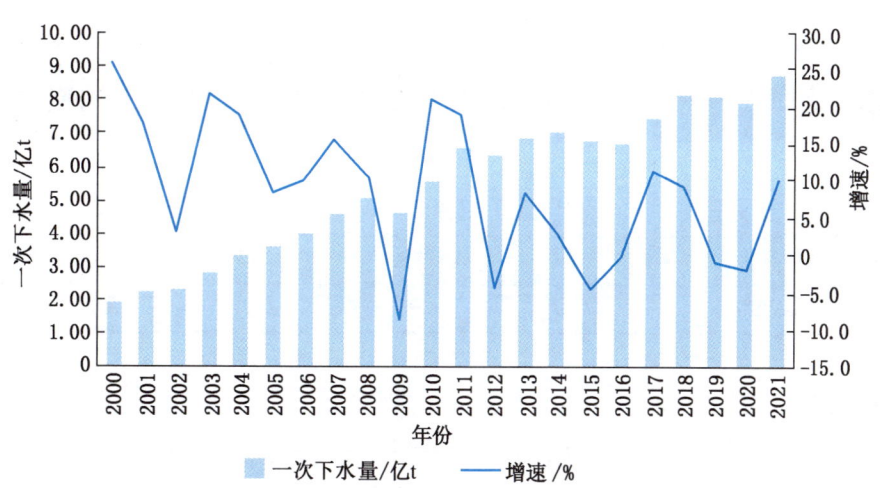

图4-6　2000—2021年沿海港口煤炭一次下水量和增速

从全年情况看，2021年煤炭下水量总体平稳、各季度间波动较小。各季度煤炭一次下水量均实现了正增长，其中第一季度、第二季度受去年同期基数较低影响，煤炭下水量同比增长29.9%和9.7%，如图4-7所示。

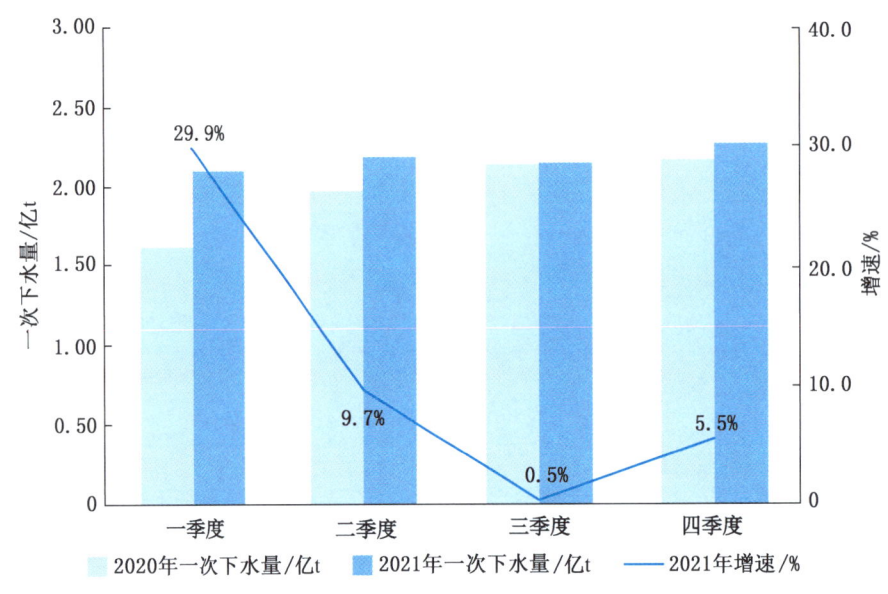

图4-7　2020年和2021年分季度煤炭一次下水量和增速

北方四港下水量均有所增长，唐山港增长最为显著。由于北煤南运、铁水联运通道的高度集中，煤炭下水量继续向北通道四港（秦皇岛港、唐山港、黄骅港、天津港）集中，2021年四港下水量规模为7.81亿t，同比增长9.5%，占沿海煤炭一次下水总量的89.4%，见表4-1。

表4-1　2021年北方主要煤炭装船港一次下水量完成情况

港口	2020年			2021年		
	一次下水量/亿t	比重/%	增速/%	一次下水量/亿t	比重/%	增速/%
秦皇岛港	1.74	22.0	-9.8	1.75	20.0	0.2
唐山港	2.64	33.4	-0.2	3.15	36.1	19.3
天津港	0.62	7.9	-15.4	0.67	7.6	7.0
黄骅港	2.14	27.0	4.3	2.24	25.7	4.8

4. 主要装船港发展情况

主要装船港发展态势进一步分化，唐山港是增长重点，如图4-8所示。

秦皇岛港：受河北省提出的调整煤炭布局影响延续，秦皇岛港下水量维持稳定，全年完成1.75亿t，与2020年基本持平。

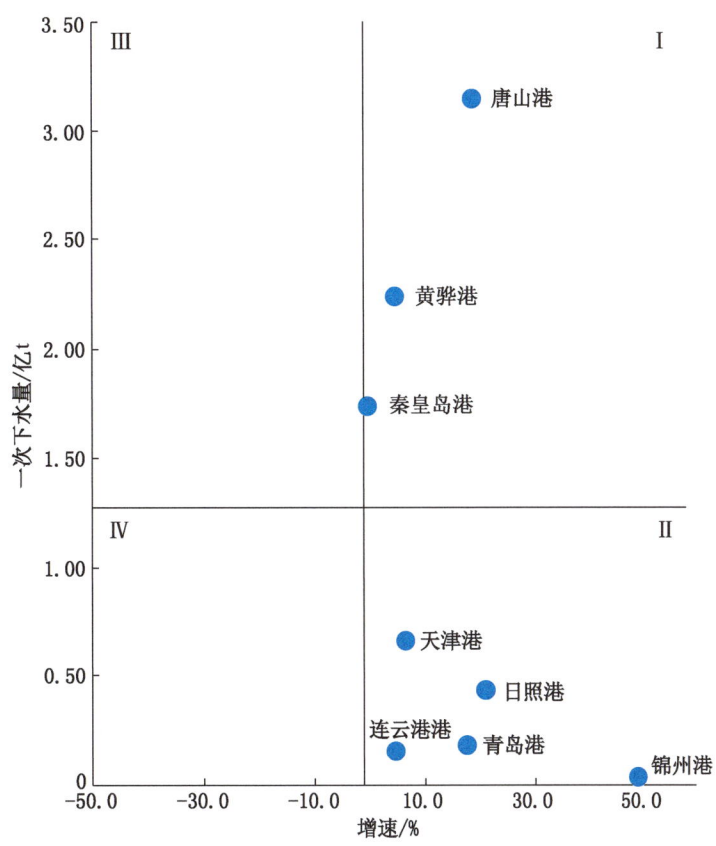

图 4-8 主要煤炭装船港"煤炭一次下水量-增速"矩阵图

唐山港：受益于铁路集港能力充足和河北省内部煤炭下水格局调整，2021 年唐山港完成下水量 3.15 亿 t，同比增长 19.3%。

黄骅港：自 2016 年准池铁路投入运营后下水量持续增长，目前下水能力已基本饱和，2021 年完成 2.24 亿 t，同比增长 4.8%。

天津港：受公路集港煤炭禁运政策影响和铁路制约（线路限制无法开行万吨重载列车），2017 年以来煤炭下水量连续下滑。2021 年全年完成 0.67 亿 t，同比增长 7.0%，为 2017 年以来首次增长。

2021 年，受煤炭供应总体紧缺影响，秦皇岛港煤炭库存量总体低于去年同期水平，全年总体处于 400 万～500 万 t 的较低水平，如图 4-9 所示。

5. 运输船型发展情况

北煤南运的煤炭船型稳步发展。目前沿海煤炭南北运输以（5～7）万吨级船舶为主。其中，到华东地区以（3.5～7）万吨级船舶为主；到华南地区以（5～7）万吨级船舶为主，并有进一步向（7～10）万吨级提升的趋势。以秦皇岛港为例，5 万吨级以上船舶比重不断上升，由 2005 年的 35% 上升到当前的近 50%。

外贸煤炭船舶大型化步伐加快。一方面，外贸进口需求增长推动了船舶大型化；

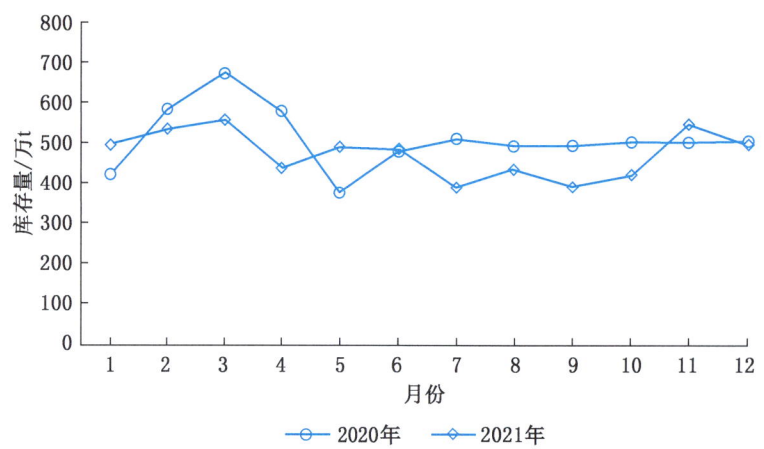

图 4-9 2020 年和 2021 年秦皇岛港库存情况

另一方面，近年来远洋矿石运输船舶持续快速大型化，使得淘汰运力转入中远洋煤炭运输，从而进一步加速了大型化进程。代表性航线及相应船型情况如下：

- 印度尼西亚航线以（3~5）万吨级、15 万吨级（在印度尼西亚装船时需过泊）船舶为主；
- 美国、南非等航线以 15 万吨级船舶为主；
- 俄罗斯航线以（3~5）万吨级船舶为主；
- 越南航线以 3 万吨以下船舶为主；
- 澳洲航线以（7~15）万吨级船舶为主，（10~15）万吨级船舶增长迅速。

4.2.2 煤炭水路多式联运蓬勃发展

我国煤炭水路多式联运主要包括两部分：一是传统的"西煤东运、北煤南运"海铁联运，二是近年来蓬勃发展的煤炭海进江运输。

1. 煤炭海铁联运情况

长期以来，"三西"煤炭铁路外运通道扩能集中在北通道的大秦线、朔黄线，南通道的侯月线，近年来唐呼线投入使用对整体格局有所影响。由于侯月线以直达服务中部省份为主，影响海运的主要是大秦线、朔黄线和唐呼线。2021 年主要线路海铁联运情况如下：

大秦线： 全年完成煤炭发运量 4.21 亿 t（同比增长 4.0%），到达港口约 3.80 亿 t（到秦皇岛港约 1.75 亿 t，到唐山港约 2.05 亿 t）。

朔黄线： 全年完成煤炭发运量约 3.64 亿 t，创历史最高，到达港口约 2.64 亿 t 以上（到黄骅港约 2.24 亿 t，到天津港约 0.40 亿 t）。

唐呼线： 全年完成煤炭发运量约 1.10 亿 t，同比增长约 30%，主要运往唐山港。

2. 煤炭海进江运输情况

煤炭的海进江运输是指"三西"煤炭经津冀港口下水，由海轮直接进入长江下游港口（即江苏南京以下港口），或由海轮运至长江各港口再换江轮转运至沿江各地的运输组织方式，这种方式一直是长江下游地区煤炭调运的主要路径。"十二五"以来，长江中游地区煤炭供应缺口不断扩大，既有铁路及传统的供应途径无法充分满足需求；与此同时，长江12.5 m深水航道工程的推进有效改善了长江航运条件，海进江运输的服务范围由江苏省逐步向皖、赣、湘、鄂等长江中游地区拓展。近年来江苏省不断压缩煤炭消费量，海进江运输需求增长主要来自中游四省，海进江运输也由中游四省的应急方式转变为煤炭调入的重要补充。

2021年，长江沿线苏、皖、赣、湘、鄂地区海进江调入煤炭约3.80亿t，占沿线总消费的比重超50%（为近年来最高），海进江运输在区域煤炭调运格局中的地位进一步提升。受电力需求增长和水电发电量下滑等因素影响，2021年江苏省煤炭海进江调入规模大幅反弹，2021年完成约2.30亿t，较2020年增加0.80亿t左右；2021年中游四省完成海进江煤炭运输约1.50亿t，较2020年增加0.20亿t左右，如图4-10所示。

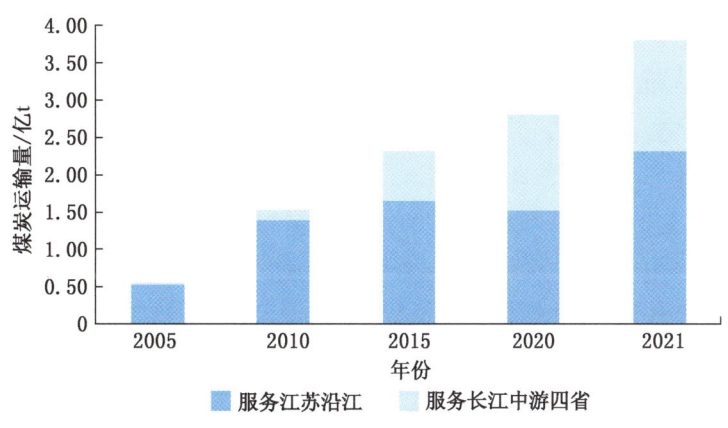

图4-10 典型年海进江煤炭运输情况

此外，浩吉铁路已于2019年9月开通运营，规划设计输送能力为2亿t。受集疏运通道制约、车型选择和运价等多方面因素影响，2019年实际煤炭运输量为0.04亿t，2020年为0.26亿t，2021年为0.58亿t，增长与预期仍有显著差距。受2021年区域煤炭供应缺口大幅增长影响，浩吉铁路对海进江运输的冲击效应尚未显现。

4.3 2022年煤炭运输发展趋势分析

4.3.1 煤炭铁路运输保持增长态势

2022年是党的二十大召开之年，也是全面实施"十四五"规划的关键一年，对铁路货运特别是强化煤炭等国计民生的物资运输服务保障提出了更高更新的要求。围绕碳达峰碳中和总体目标，立足以煤为主、传统能源逐步退出建立在新能源安全可靠代替基础上的基本国情，特别是去年陆续释放一大批煤炭产能的实际状况，全国煤炭产量将有稳定提高。随着运输结构调整政策继续深入推进，预计2022年煤炭铁路运输需求仍将保持增长态势，其总体趋势表现为：

煤炭运量继续稳步增长。 在2021年来煤炭不断核增新的产能和电煤保供逐步常态化形势的共同推动下，煤炭中长期合同覆盖范围从上年的9.5亿t猛增至2022年的接近11亿t，进一步巩固了煤炭铁路运输增量的基本盘。随着大秦、唐包线从煤炭生产端、运输端和到港卸煤端在煤源组织、运输径路优化和装船等各环节更加完善，以及黄大铁路运力继续提升，瓦日铁路集运系统建设加快推进，浩吉铁路沿线煤炭产能快速释放，重点煤运通道运量将有较大增长。

电煤保供任务依然艰巨。 2021年电煤保供攻坚战中，煤炭中长期合同对保障煤炭稳定可靠供应发挥了至关重要的作用，已形成社会广泛共识。2022年铁路煤运将继续抢抓机遇，加大工作力度，发挥制度和机制优势，确保中长期合同目标顺利实现。具体措施包括固化保供期间公转铁煤炭，对电煤合同做到应签尽签，同时增加冶炼、化工、建材等行业用煤中长期合同运量，增开跨铁路局集团公司电煤直达货物列车，进一步增强电煤保供运输能力。

深挖公转铁煤运新增量。 进入"十四五"以来，国家进一步加大运输结构调整力度，有关部委、各地方政府的"十四五"规划均将推进运输结构调整作为重要内容。2021年底十部委和七省市联合印发了《2021—2022年秋冬季大气污染综合治理攻坚方案》，对京津冀及周边地区"2＋68"个城市的运输结构调整提出了明确的目标要求。铁路部门将继续用好用足公转铁政策红利，切实将国家确定的公转铁目标落到实处，全面梳理管内货物到发量150万t以上生产企业、港口及物流园区，配合地方政府和企业认真贯彻落实《国家发改委、国铁集团等5部门关于加快推进2022—2023年铁路专用线等重点项目建设的通知》要求，加快推进专用线建设，力争2022年新开通专用线70条以上，实现增量3000万t以上。

强化重点地区煤运组织。 利用新开通运营的邢台至和顺铁路新增能力，增开和分流从石太、阳涉线至河北南部的煤运列车，服务晋东、晋中地区煤炭东运需求；加大靖神、浩吉铁路万吨重载列车开行数量，合理衔接纳林河、海则滩、王家岭、大海则等新投产煤矿增量，进一步提高北煤南运重载铁路大通道运输能力；利用柳敦、敦格铁路增加新疆至青海、甘肃两省和西南地区的煤运列车，满足疆煤外运快速增长的需要。同时将继续研究扩大利用运煤敞顶箱实施铁海江联运的市场范围，更好地适应铁路货运向多式联运转型发展的趋势。

4.3.2 煤炭水路运输相对稳定

继2021年强劲反弹之后，预计2022年全球和我国经济增速将会有较为明显的放缓，我国电力消费需求增长将同步放缓。同时，我国冶金行业产能持续调整，建材和化工行业能源清洁化发展趋势延续，对煤炭消费的需求强度将继续下降。预计2022年煤炭消费量与上年基本持平。在国内煤炭消费市场需求驱动下，煤炭优质产能进一步释放，煤炭产量有望小幅增长，煤炭进口"平控"政策延续，外贸进口量将基本维持稳定。总体判断，2022年煤炭海运需求小幅增长，全年煤炭吞吐量预计24.3亿t，同比增长2.1%；煤炭一次下水量8.9亿t，同比增长2.3%，格局基本稳固；煤炭外贸进口量维持在3.0亿t左右，见表4-2。

表4-2 2021年沿海港口煤炭吞吐量预测

项目名称	2021年		2022年（预测）	
	实际量/亿t	增速/%	预测值/亿t	增速/%
沿海港口吞吐量	23.85	11.2	24.3	2.1
外贸进口量	2.96	21.8	3.0	0
一次下水量	8.72	10.2	8.9	2.3
津冀沿海	7.81	9.2	8.0	2.6

未来煤炭水路运输中存在一些不确定因素：

一是当前全球能源紧张超出预期和能源突发事件增多，如俄乌冲突对全球能源市场的冲击、印度尼西亚的煤炭出口限制等，2022年我国煤炭外贸进口规模可能有一定的不确定性，相应对北方港口一次下水量规模产生影响。

二是随着浩吉铁路运能的不断提升，湘鄂赣新增缺口、区外调入量的"公转铁"等将逐步转向浩吉铁路直达运输。中游地区海进江煤炭需求继续增长的可能性不大。同时，考虑到运输成本差异，以及湘鄂赣电煤消耗年度间波动大、季节性严重不均衡等因素，海进江煤炭运输仍将长期作为长江中游地区煤炭调入的主要补充方式，年度和季度间波动可能加剧。

5 煤炭市场

2021年，我国煤炭价格在年内短期受宏观经济、市场供需不平衡而大幅波动，整个行业努力保供稳价以及煤炭长期合同的共同作用下，年末高位回落，整体大幅增长，其中炼焦煤涨幅高达77.5%。从大环境来看，随着疫情后期经济逐渐恢复，国际煤炭价格在高位波动，全年均价均创新高。我国煤炭进口总量同比增长6.6%，全年累计进口额增长64.1%，来自印度尼西亚和俄罗斯的煤炭进口量增加较多。我国煤炭出口总量同比下降18.4%，但由于煤价整体上涨，全年总出口额同比上涨15.7%，总体煤炭市场呈贸易逆差趋势。未来国际能源格局仍受经济需求拉动和经济政策的深度影响，短期内仍会呈上升趋势，长期稳定回落。

5.1 2021年煤炭价格

5.1.1 我国宏观经济持续恢复带动国内煤炭需求和煤炭价格大幅增长

2021年，我国国民经济持续稳定恢复，碳达峰、碳减排目标任务深入推进。尤其下半年以来，我国煤炭需求超预期增长，煤炭供需阶段性失衡，煤炭价格大幅波动，市场供需形势异常复杂严峻。按照有关部门要求，煤炭行业坚守安全、民生底线，全力做好煤炭增产保供稳价工作，保障下游用户用煤需求，煤炭优质产能加快释放，煤炭生产情况逐步改善，全国煤炭产量平稳增长，日均产量屡创历史新高，电厂煤炭库存量快速攀升，煤炭进口量快速增长，煤炭供需形势显著改善，煤炭保供稳价工作取得了阶段性成效，煤炭市场价格高位回落。

1. 煤炭市场价格总体呈深幅波动到年末高位回落

2021年煤炭市场价格大幅波动，北方港口5500大卡动力煤市场价格从1月中旬超过1000元/t下跌至2月末的571元/t，1个月内下跌了434元/t；下半年北方港口动力煤市场价格在两个月内上涨超过 1000 元/t，又在一个月内下跌超过 1000 元/t。

2. 煤炭长期合同稳价作用明显

动力煤长协价格平稳上涨。2021 年 12 月，秦皇岛港 5500 大卡下水动力煤中长期合同价格 725 元/t，与上年 12 月相比上涨 167 元/t。2021 年动力煤中长期合同价格均值 648 元/t，同比上涨 105.5 元/t、涨幅 19.4%，如图 5-1 所示。

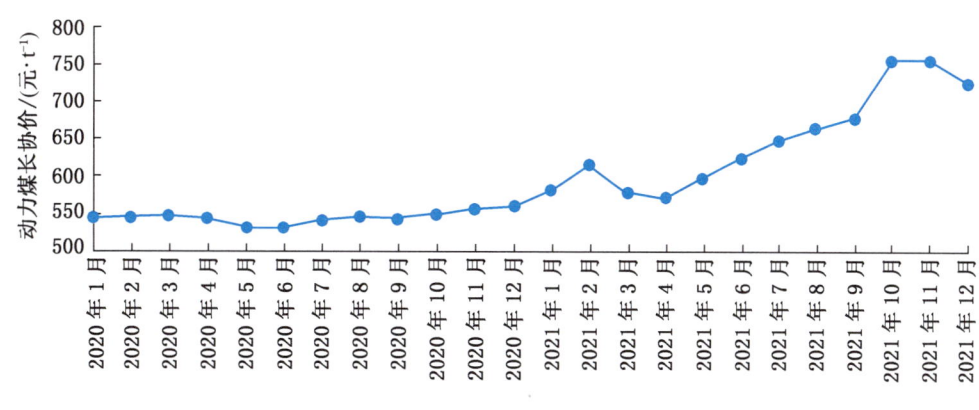

图 5-1　秦皇岛港 5500 大卡动力煤长协价格

3. 炼焦煤市场价格大幅波动

2021 年，中国煤炭价格指数（CCTD）山西焦肥精煤综合售价全年平均 2326 元/t，较 2020 年全年平均 1310 元/t，同比上涨 1016 元/t，涨幅达 77.6%，如图 5-2 所示。

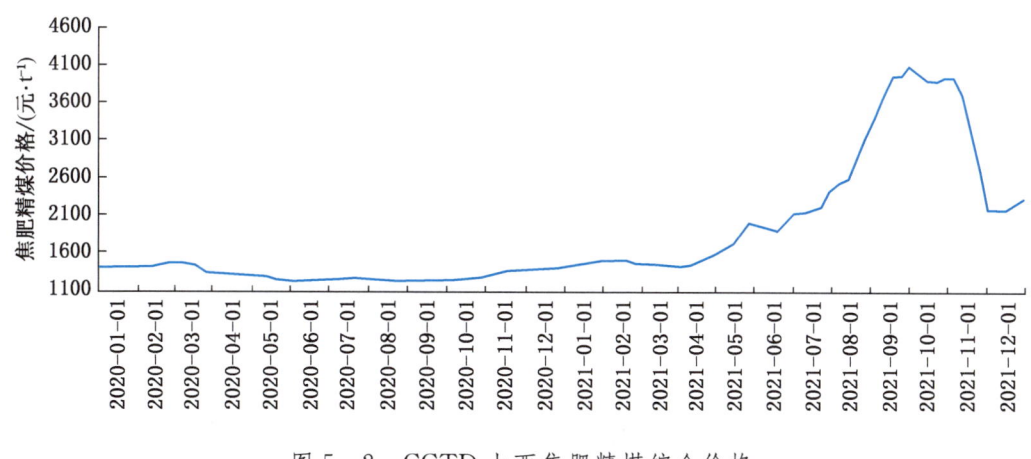

图 5-2　CCTD 山西焦肥精煤综合价格

5.1.2　全球经济恢复带动煤炭消费增长和国际煤炭价格高位波动

2021 年，各国经济逐步恢复带动煤炭消费增长，国际煤炭价格抬升至高点后煤价逐渐回归。国际动力煤价格高位波动，国际三港煤价年度均值走出新高。其中，纽卡斯尔港动力煤均价 138.7 美元/t，同比上涨 78 美元/t，增幅 129.8%（图 5-3）；欧洲三港动力煤均价 120.1 美元/t，同比上涨 69.8 美元/t，增幅 138.6%（图 5-4）；理查德湾动力煤均价 126.4 美元/t，同比上涨 59.8 美元/t，增幅 89.7%（图 5-5）。

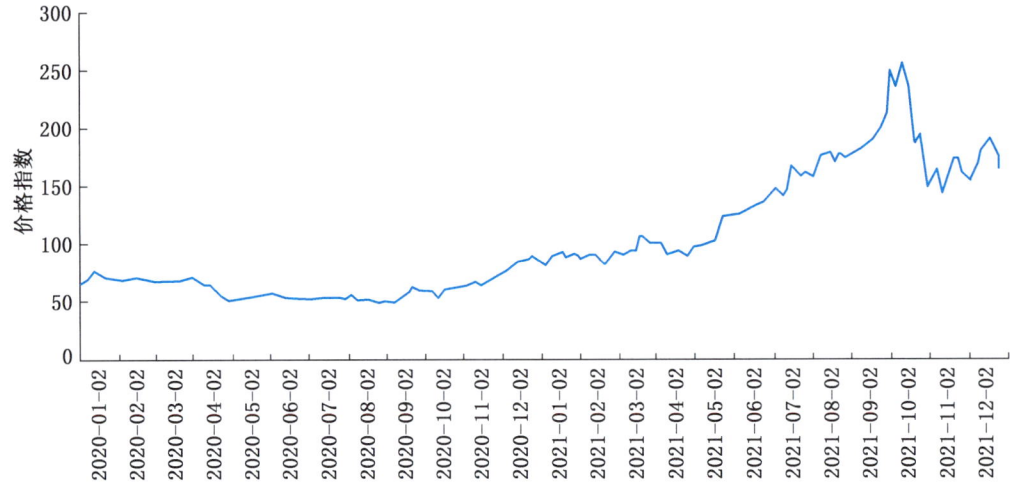

图 5-3 澳大利亚纽卡斯尔港综合价格指数

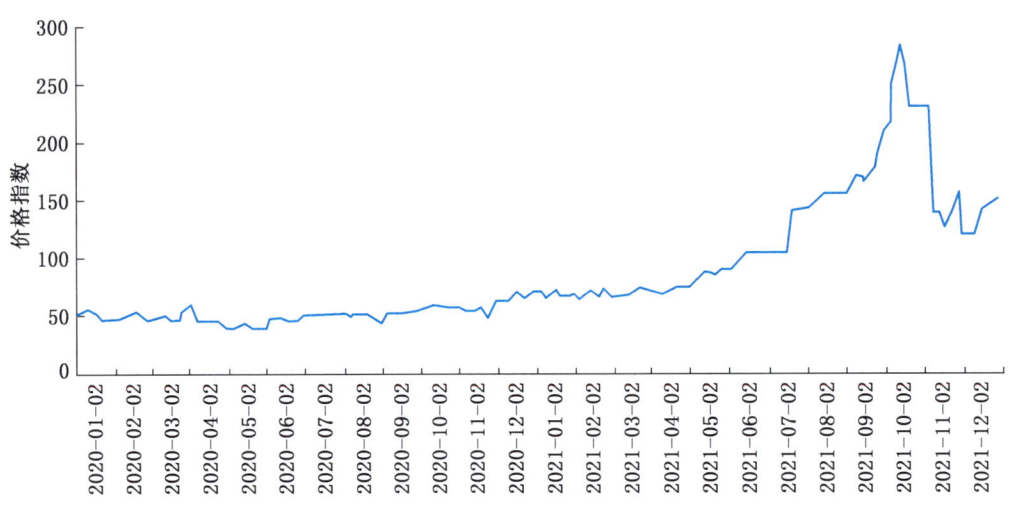

图 5-4 欧洲三港综合价格指数

国际炼焦煤市场供需矛盾凸显价格强势波动，全年均价创近几年来新高。截至 2021 年 12 月 31 日，澳大利亚中等挥发主焦煤离岸价 307.8 美元/t，较年初上涨 214.3 美元/t，增幅 229.2%，全年均价 194.9 美元/t，同比上涨 88.3 美元/t，增幅 82.9%；风景煤矿主焦煤离岸价 357.3 元/t，较年初上涨 254.8 元/t，增幅 248.6%，全年均价 223.4 美元/t，同比上涨 100.0 美元/t，增幅 81.0%，如图 5-6 所示。

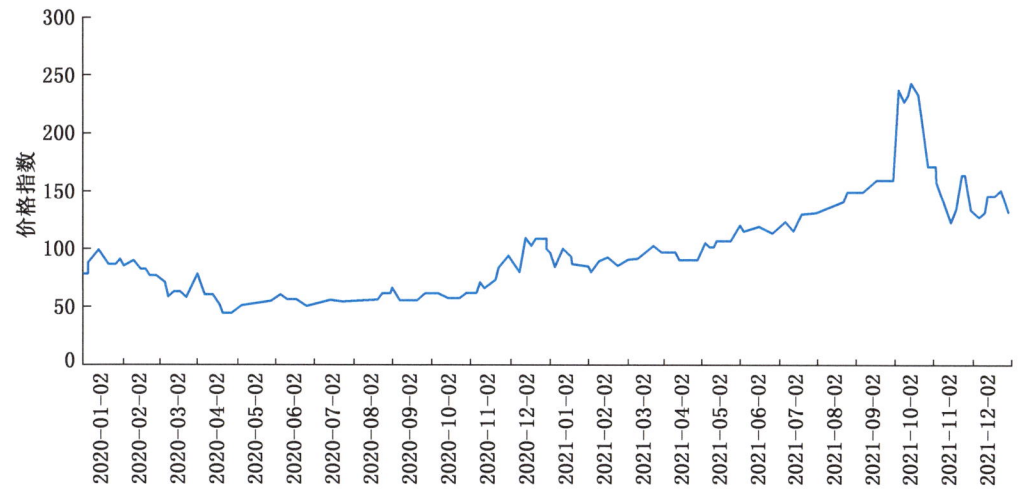

图 5-5 南非理查德湾综合价格指数

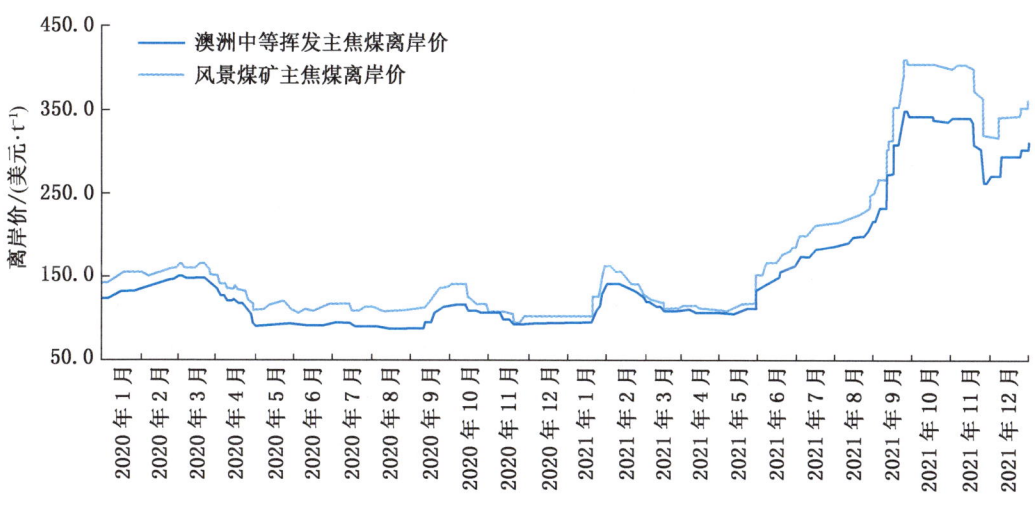

图 5-6 国际炼焦煤价格变化

5.2 2021年煤炭进出口

5.2.1 我国煤炭进口持续增加、出口不断下降

近年来，我国煤炭进口量持续增加，2019年突破3亿t，2020年煤炭进口量3.04亿t，同比增长1.5%。2021年我国增加了对印度尼西亚、俄罗斯等国的煤炭进口力度，确保我国煤炭进口量稳步增加。海关总署公布的数据显示，2021年全年，我国共进口煤炭32322.0万t，其中净进口煤炭32062.2万t、同比增长6.6%，如图5-7所示。出口方面，我国煤炭出口规模较小，而且呈现不断下降趋势。2016—2018年以来

中国煤炭出口量持续下降，2019年出口量短暂增加，2020年出口量近乎腰斩，2021年煤炭出口量继续下降，出口量259.8万t，同比下降18.5%。

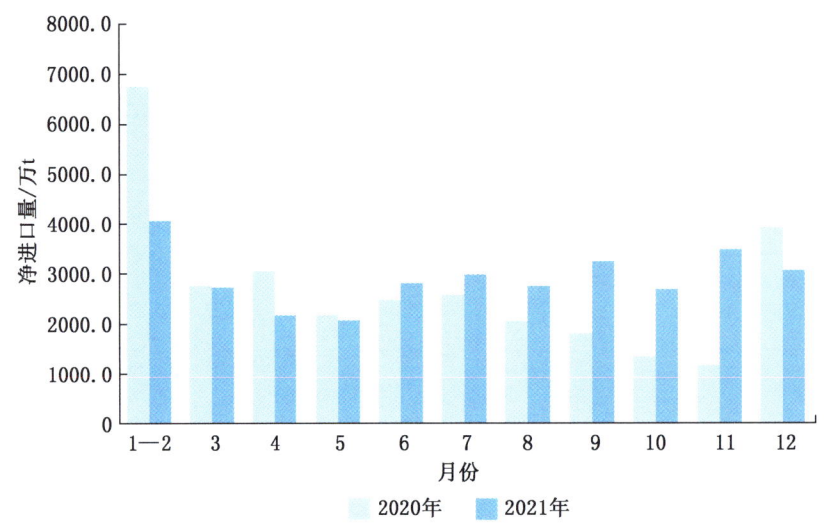

图5-7 2020年和2021年煤炭月度净进口量变化

5.2.2 我国煤炭出口规模较小且总量呈现持续下降

国内煤炭出口量继续下降。2021年，我国煤炭出口规模较小，而且煤炭出口总量持续下降（图5-8）。海关总署公布的数据显示，2021年，全国出口煤炭259.8万t，同比下降18.5%；出口金额504.2百万美元，同比增长15.7%。中国出口煤炭排在前五位的国家（或地区）为：印度尼西亚、日本、韩国、中国台湾、马来西亚，出口煤炭合计258.6万t，占中国全部出口煤炭的99.5%，见表5-1。

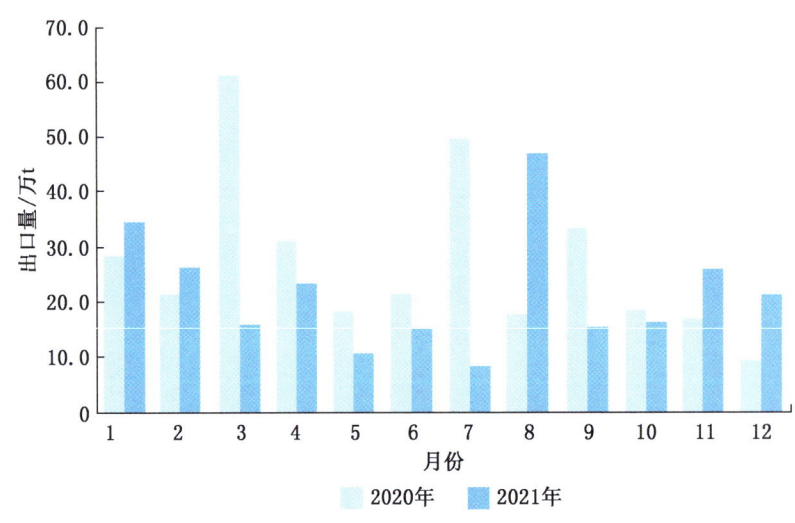

图5-8 2020年和2021年煤炭月度出口量变化

表5-1　2021年中国主要煤炭出口国（或地区）煤炭出口量统计

序　号	国家（或地区）	出口煤炭/万t	占比/%
1	印度尼西亚	112.0	43.1
2	日本	84.2	32.4
3	韩国	56.6	21.8
4	中国台湾	4.7	1.8
5	马来西亚	1.1	0.4
6	其他	1.2	0.5
合　　计		259.8	100.0

5.2.3　我国需求带动下煤炭进口量增长6.6%

国内煤炭进口量小幅增长。2021年，我国煤炭进口量的增加主要来自印度尼西亚、俄罗斯、加拿大、美国等。海关总署公布的数据显示，2021年全国共进口煤炭数量为32322.0万t，较上年增加1947万t，增长6.4%，增幅较前11月收窄约4个百分点，全年进口总金额2319.3亿元，较上年增长64.1%，如图5-9所示。

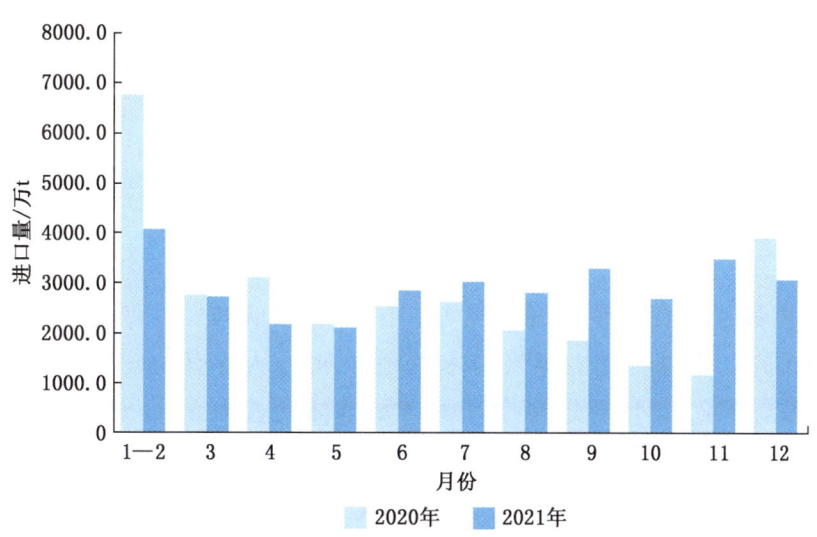

图5-9　2020年和2021年煤炭进口量变化

分煤种看，2021年中国各煤种进口量：进口动力煤14063万t，同比增加12.9%；进口褐煤11865万t，同比增加20.0%；进口炼焦煤5470万t，同比减少24.6%；进口无烟煤924万t，同比增加18.5%，见表5-2。与2020年比，动力煤、褐煤进口量同比大幅增加，炼焦煤回落幅度较大。

表 5-2　2021年全国煤炭分煤种进口情况统计

序号	煤种	进口量/万 t	同比/%	占比/%
1	褐煤	11865	20.0	36.7
2	炼焦煤	5470	-24.6	16.9
3	动力煤	14063	12.9	43.5
4	无烟煤	924	18.5	2.9
	合计	32322	6.4	100.0

分国别看，中国进口煤炭排在前五位的进口国为印度尼西亚、俄罗斯、蒙古国、澳大利亚及美国。上述五国共出口中国煤炭合计 2.91 亿 t，占中国全部进口煤炭的 90.1%，见表 5-3。

表 5-3　2021年中国主要煤炭进口国煤炭进口量统计

序号	国别	进口煤量/万 t	同比/%	占比/%
1	印度尼西亚	19574	38.8	60.5
2	俄罗斯	5699	44.1	17.6
3	蒙古	1644	-42.4	5.1
4	澳大利亚	1171	-85.0	3.6
5	美国	1060	1015.2	3.3
	合计	29148	1.2	90.1

5.3　2022年全球煤炭市场机遇和挑战并存

2021年，世界经济在调整中逐步复苏，国际能源格局发生调整，国际煤炭市场价格飙升并屡创新高，全球范围内煤炭需求远超预期。从各有关国家和地区陆续发布的煤炭生产情况看，2021年世界煤炭生产国产量整体增长 4.5%，产量预计达 78.9 亿 t，排名前 15 位的煤炭生产国中，除澳大利亚、南非、蒙古国煤炭产量分别下降 0.2%、7.4% 和 29.7% 外，中国、印度、美国、印度尼西亚、俄罗斯、加拿大等国煤炭产量均出现上涨。根据国际能源署（IEA）的《2021年煤炭报告》，继2019年和2020年连续下降之后，2021年全球煤炭发电量增长 9%，达到创纪录的 10.35 万亿 kW·h。IEA 表示，2021年经济快速复苏拉动电力需求激增，其增长远远快于低碳能源的供应速度；而且，由于成本竞争力，天然气价格的急剧飙升也带动了对煤电的需求，煤炭价格在2020年底开始反弹，到2021年10月，煤价达到历史性高位，例如欧洲进口动力煤价格达到 298 美元/t。据国外专家预测，"2022年全球能源消费仍将保持增长趋势，消费总量将达到 80 亿 t；煤炭、天然气等能源价格仍然呈现上涨趋势"。我国作为全球最大的全品类供应链中心，大部分电厂仍以燃煤发电为主，煤炭消费"十四五"期间仍将保持世界前列的位置。

此外，2022年全球流动性将面临拐点、美联储将加快收紧货币政策，英国、挪威、新西兰等发达经济体以及部分新兴经济体已提前进入加息周期，史无前例的宽松政策改善了全球流动性，推动经济从疫情冲击中恢复，但流动性泛滥导致的复苏分化、物价走高、债务攀升等，为未来经济增长埋下了风险隐患。尽管目前动力煤市场非常看涨，但单从基本面来看，2021年在市场和政策压力之下，以及第26届联合国气候变化大会（COP26峰会）的影响，煤炭投资意愿仍然很低。美国首席经济学家办公室（OCE）称，从正在推进的项目来看，相对于新建项目投资，人们越来越倾向于扩大改建项目。越来越多的投资者退出了对新动力煤项目的融资，一些基金和股票也在撤出或限制对动力煤的投资，这也限制了煤炭项目开发商的投融资选择范围。经济聚焦（Focus Economics）的分析师认为，煤炭价格上涨的支撑来自于对天气导致供应中断的担忧，虽然目前天然气、石油等能源还处于紧张阶段，但不排除后期非煤能源的供应在一定程度上可能恢复正常，需求总体或增长放缓，以及过高的煤价倒逼铝和锌冶炼等行业对煤炭的需求下降，预计下半年全球市场涨幅趋缓，但是在时间节点上仍然存在风险，比如印度尼西亚设备持续短缺或者长期下雨，澳大利亚天气持续恶劣，国际天然气和原油价格居高不下、国际局势变化等因素影响，那么价格可能会继续受到支撑。

6 煤矿安全生产

2021年，全国煤矿安全生产形势稳定向好，共发生煤矿事故91起、死亡178人，同比下降26.0%和21.9%；煤矿百万吨死亡率0.043，同比分别下降27.1%。虽然我国煤矿已经连续5年没有发生特别重大事故，但由于重大事故尚未杜绝、较大事故仍时有发生且存在反复，面对大疫大灾、保供任务重等情况，煤矿安全生产形势依然复杂严峻，要继续扎实推进煤矿安全治理体系与治理能力现代化，从根本上杜绝重特大事故，奋力推进煤矿安全生产形势稳定向好，为全面建设社会主义现代化国家创造良好的安全环境。

6.1 2021年煤矿安全生产状况

一是坚决贯彻落实习近平总书记关于安全生产重要指示精神。 组织观看"生命重于泰山——学习习近平总书记关于安全生产重要论述"电视专题片，广泛开展安全宣讲教育活动。下发《关于加强矿山安全生产工作的紧急通知》，出台"六严禁三严格"等制度措施，组织对10个省区和新疆生产建设兵团开展煤矿安全生产综合督查。按照党中央、国务院决策部署，积极稳妥推进矿山安全监察体制改革，优化监察力量和布局。指导各地贯彻落实"党政同责、一岗双责、失职追责"和"三个必须"要求，推动中央决策部署落地见效。**二是煤矿安全生产水平进一步提升。** 2021年，全年煤矿安全生产形势稳定向好，煤矿事故和死亡人数同比分别下降26.0%和21.9%，煤矿百万吨死亡率0.043，同比下降27.1%，煤矿连续5年没有发生特别重大事故，连续2年未发生重特大瓦斯事故。**三是煤矿重大灾害风险防范化解成效显著。** 继续扎实推进三年行动集中攻坚，制定140项攻坚任务，出台《煤矿防灭火细则》等一批规范标准，协调中央财政资金用于煤矿重大灾害治理，对所有煤矿开展全覆盖安全大排查，组织专家开展"煤矿安全科技进贵州"活动，对138处冲击地压矿井、西北水害严重地区煤矿进行技术会诊。组织采掘接续、防溃水溃砂、隐蔽致灾因素普查治理、露天改井工等专项检查，常态化开展煤矿事故及风险研判，风险监测预警系统联网接入煤矿3327处，"电子封条"国家平台联网接入煤矿110处，用电量与安全风险关联监测分析覆盖煤矿1720处，瓦斯报警从单月最多的1314起降至200起左右，精准化解了一批重大风险。**四是煤矿智能化建设取得新进展。**行业持续完善煤矿智能化标准体系，在智能化综采工作面、煤矿5G通信、煤矿机器人、露天煤矿无人驾驶等方面启动了标准制定工作，全年发布、立项煤矿智能化相关标准100项。截至2021年12月，全国智能化采掘工作面已达813个，同比增加64.6%，已有26种煤矿机器人在煤矿现场实现了不同程度的应用。国家能源集团已建成智能化采煤工作面41处、智能化掘进工作面25处、智能化选煤厂10个；中煤能源集团开展了国产惯性导航技术、自主规划开采智能化采煤工作面等一批智能化技术装备攻关与示范应用，建成220余个智能化辅助生产系统；晋能控股集团已建成43个井下无人值守变电所、10个无人值守水泵房，20部带式输送机实现了集中控制，5处煤矿应用了智能巡检或拣矸机器人。

6.2 2021年煤矿事故分析

6.2.1 全国煤矿安全生产形势总体稳定向好

2021年，全国煤矿共发生煤矿事故91起、死亡178人，同比减少32起、少死亡50人，分别下降26.0%和21.9%。其中，发生较大事故12起、死亡52人，同比2020年增加1起、人数持平；发生重大事故2起、死亡41人，同比减少1起、11人；未发生特别重大事故，同比持平，见表6-1、图6-1。煤矿百万吨死亡率为0.043，同比减少0.015，下降27.1%。

表6-1 2021年全国煤矿事故基本情况

类别		2021年		与2020年对比增减			
		事故起数	死亡人数	事故起数		死亡人数	
				±	±%	±	±%
事故总量		91	178	-32	-26.0	-50	-21.9
事故等级	较大事故	12	52	1	9.1	0	0
	重大事故	2	41	-1	-33.3	-11	-21.2
	特别重大事故	0	0	0	—	0	—
	较大以上事故	14	93	0	0	-11	-10.6

6.2.2 国有重点煤矿事故占比大

1. 乡镇煤矿事故情况

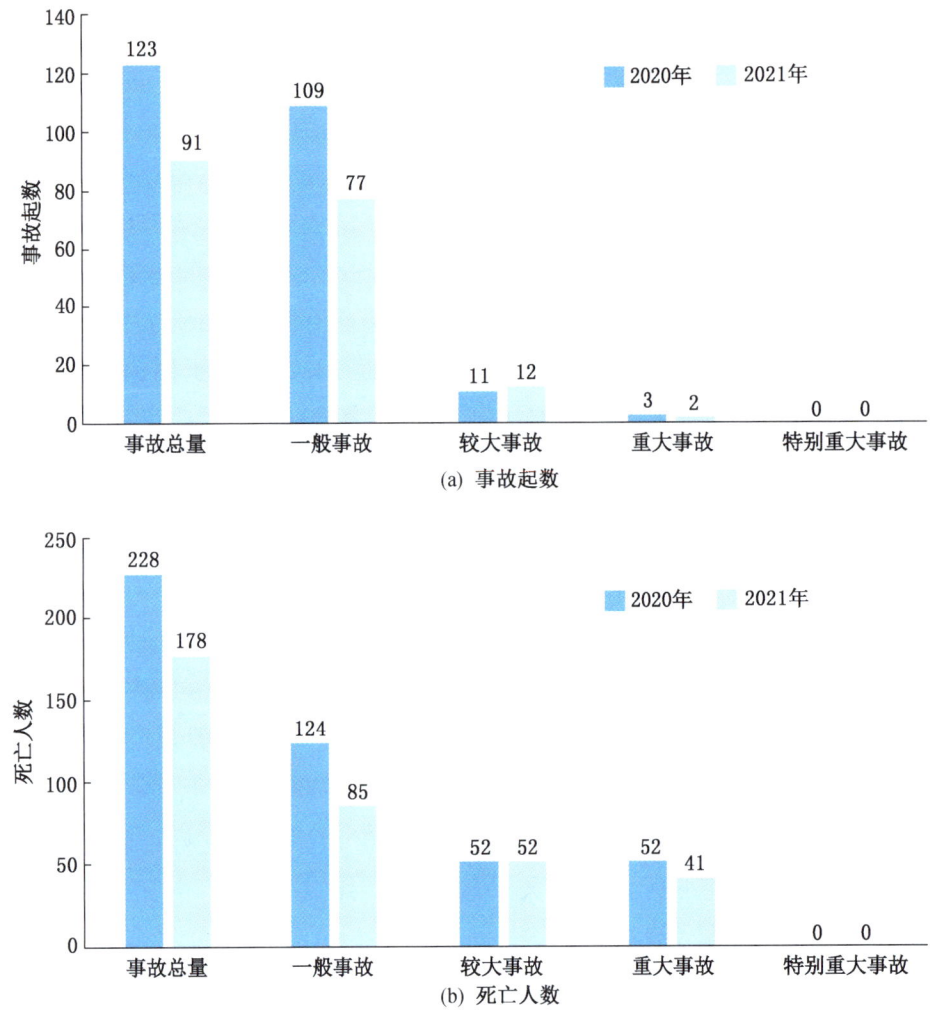

图 6-1 近 2 年全国煤矿事故对比

乡镇煤矿共发生死亡事故 35 起、死亡 71 人，同比减少 16 起、少死亡 38 人。其中，较大事故 4 起、死亡 17 人，同比起数持平、人数减少 6 人；重大事故 1 起、死亡 21 人，同比减少 1 起、少死亡 15 人；未发生特别重大事故，同比持平。

2. 国有地方煤矿事故情况

国有地方煤矿共发生死亡事故 8 起、死亡 11 人，同比减少 13 起、少死亡 16 人。其中，较大事故 1 起、死亡 3 人，同比持平；未发生重大及以上事故，同比持平。

3. 国有重点煤矿事故情况

国有重点煤矿发生死亡事故 48 起、死亡 96 人（中央企业管辖煤矿 11 起、11 人），同比起数减少 3 起、人数增加 4 人。其中，较大事故 7 起、死亡 32 人，同比增加 1 起、6 人；重大事故 1 起、死亡 20 人，同比起数持平、人数增加 4 人；未发生特别重大事故，同比持平，见表 6-2、图 6-2 和图 6-3。

表 6-2 2021年全国煤矿事故按所有制统计情况

煤矿类型		总计				较大事故				重大事故				特别重大事故			
		事故起数	同比增减	死亡人数	同比增减	事故起数	同比增减	死亡人数	同比增减	事故起数	同比增减	死亡人数	同比增减	事故起数	同比增减	死亡人数	同比增减
国有重点煤矿	小计	48	-3	96	4	7	1	32	6	1	0	20	4	0	0	0	0
	其中：中央企业	11	-9	11	-14	0	0	0	0	0	0	0	0	0	0	0	0
国有地方煤矿		8	-13	11	-16	1	0	3	0	0	0	0	0	0	0	0	0
乡镇煤矿		35	-16	71	-38	4	0	17	-6	1	-1	21	-15	0	0	0	0
总量		91	-32	178	-50	12	1	52	0	2	-1	41	-11	0	0	0	0

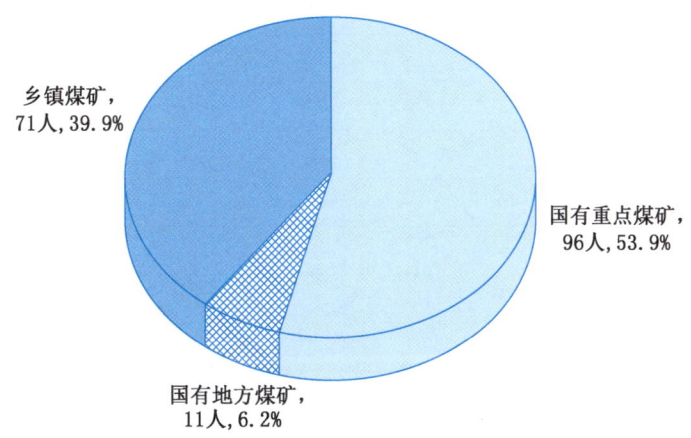

图 6-2 2021年不同所有制煤矿事故死亡人数占比

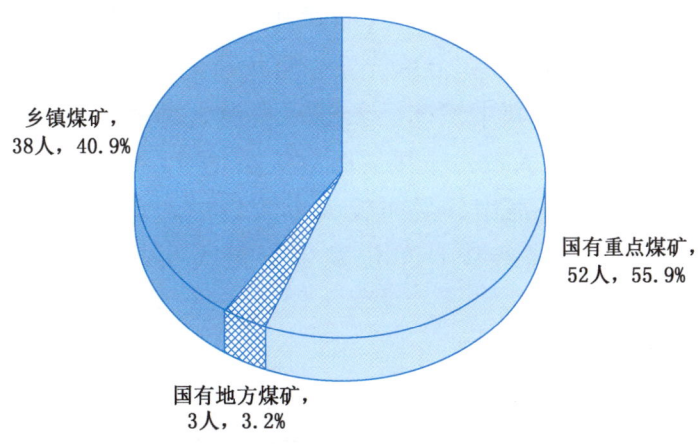

图 6-3 2021年不同所有制煤矿较大以上事故死亡人数占比

6.2.3 煤矿水害事故较为严重

2021年，从事故总量看，各类事故中水害事故死亡人数最多，为48人；其次是顶板事故和瓦斯事故，分别为37人和34人。从较大以上事故看，水害事故死亡人最多，且同比上升幅度最大，发生的2起重大事故均为水害事故，另外还有1起较大事故；较大以上瓦斯事故6起，同比增加3起、多死亡11人；较大以上冲击地压事故2起，同比增加1起、多死亡3人；其他类型较大以上事故均下降或持平，见表6-3。

表6-3　2021年全国煤矿事故按事故类别统计

事故类别	事故总计				较大事故				重大事故				特别重大事故			
	事故起数	同比增减	死亡人数	同比增减	事故起数	同比增减	死亡人数	同比增减	事故起数	同比增减	死亡人数	同比增减	事故起数	同比增减	死亡人数	同比增减
顶板	25	－16	37	－21	3	0	10	－1	0	0	0	0	0	0	0	0
冲击地压	2	1	7	3	2	1	7	3	0	0	0	0	0	0	0	0
瓦斯	8	3	34	12	6	3	30	11	0	0	0	0	0	0	0	0
煤尘	0	－1	0	－7	0	－1	0	－7	0	0	0	0	0	0	0	0
机电	13	－4	13	－5	0	0	0	0	0	0	0	0	0	0	0	0
运输	20	－3	20	－6	0	0	0	0	0	0	0	0	0	0	0	0
爆破	1	－2	1	－2	0	0	0	0	0	0	0	0	0	0	0	0
水害	4	－3	48	23	1	－1	5	－3	2	1	41	28	0	0	0	0
火灾	0	－2	0	－39	0	0	0	0	0	－2	0	－39	0	0	0	0
其他	18	－5	18	－8	0	－1	0	－3	0	0	0	0	0	0	0	0
总计	91	－32	178	－50	12	1	52	0	2	－1	41	－11	0	0	0	0

6.2.4 贵新青豫蒙陕晋事故占比达七成以上

2021年，26个省级产煤统计单位（含新疆生产建设兵团）中，21个单位发生一般事故，7个单位发生较大事故，2个单位发生重大事故。

部分地区事故较为多发，其中贵州、新疆、青海、河南、内蒙古、陕西、山西等7个省级统计单位的煤矿死亡人数占全国总死亡人数的71.9%（图6-4）。有17个省级统计单位未发生较大事故，河南、贵州较大事故集中，均发生3起较大事故，陕西发生2起较大事故。有2个省级统计单位发生了重大事故，分别是新疆（1起、21人）、青海（1起、20人）。

6.2.5 违法违规生产仍是主因

2021年，全国煤矿共发生较大以上事故14起、死亡93人。这些事故矿井在生产经营中均存在拒不执行停产指令、谎报瞒报、违规承包、超能力生产等严重违法违规行为。各类事故情况如下：

水害事故发生4起（其中2起为重大事故）。其中，1起是由于未严格按要求进行

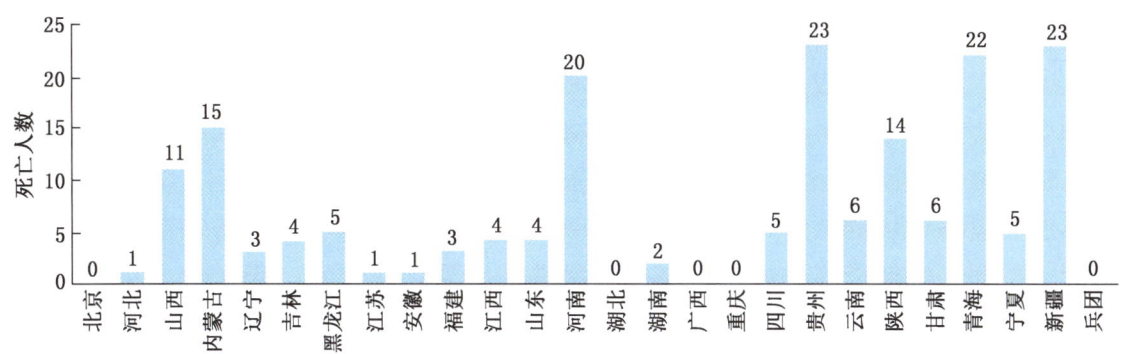

图 6-4 2021 年不同地区煤矿事故死亡人数情况

探放水，综掘机掘透采空区，引发透水事故；1 起是在未查明地表河床积水及煤层上覆基岩厚度情况下，冒险开采造成抽冒塌陷，引发地表水携裹泥沙溃至工作面；1 起是工作面顶煤垮落导通上部原露天矿开采后充填的矸石，矸石和煤泥溃至工作面引发事故。

瓦斯事故发生 8 起。其中，3 起为煤与瓦斯突出事故，主要为防突措施执行不到位、未消除事故地点突出危险性、违章冒险掘进作业诱导突出；3 起为中毒窒息事故。另外，还存在 1 起煤与瓦斯突出涉险事故。

顶板事故发生 25 起。其中，1 起是因大跨度施工，受断层应力集中影响，在支护过程中发生冒顶；2 起（其中 1 起为瞒报事故）是在未加固支架、顶板漏冒情况下，冒险作业，发生顶板垮落。另外，还存在 2 起顶板涉险事故。

冲击地压事故发生 2 起。主要是防治冲击地压措施落实不到位、违规冒险打开已封闭的采区进行回撤作业、超员平行作业等问题。

6.3 2021 年煤矿安全生产有关政策法规情况

一是制定出台了《煤矿防灭火细则》。《煤矿防灭火细则》定位于《煤矿安全规程》防灭火部分的细化完善和执行说明，深刻总结剖析近年来煤矿防灭火工作经验和煤矿重大火灾事故教训，确立"预防为主、早期预警、因地制宜、综合治理"的原则，与现行法律、法规、规章相衔接，体现煤矿火灾防范关口前移的理念，强化早期监测预警和措施优化改进，实现煤矿火灾防治由被动治理向主动预防转变，使防灭火工作更具科学性、系统性、规范性、专业性。**二是制定印发了《矿山重大隐患调查处理办法（试行）》。**办法规定矿山安全监管监察部门执法人员发现矿山重大隐患后，除按法律法规要求处置外，应立即向本部门报告，视情节责成企业调查或者矿山安全监管监察部门组织立案调查。矿山企业自查发现的重大隐患、调查情况应及时向矿山安全监管监察部门报告。这为推动煤矿提高安全生产与管理水平起到了重要作用。**三是**

制定印发了《矿山安全生产举报奖励实施细则（试行）》。 规定省级及以下矿山安全监管监察部门开展举报奖励工作，应当遵循"合法举报、属地管理、分级负责""谁受理、谁奖励"和"谁举报、奖励谁"的原则，并对举报实行等级管理，查实矿山重大隐患和安全生产违法行为予以奖励。**四是制定印发了《关于进一步加强煤矿冲击地压防治工作的通知》。** 要求建立煤矿"零冲击"目标管理制度，强化无人员伤亡、无巷道破坏、无设备损坏的"零冲击"目标管理，加强监测预警和综合防冲措施落实的现场管理，按照"区域措施先行、局部措施跟进，出现预兆预警、采取解危措施，出现动力现象、强化解危措施，存在事故风险、不得采掘作业"的要求，确保有效措施落实到位。

7 煤炭与环境

2021年是"十四五"规划的开局之年,这一年煤炭产业发展也迎来了新的挑战,一方面,煤炭资源开发端,资源环境约束进一步增强,围绕煤炭主要产区黄河流域的生态环境保护,国家层面陆续发布了《黄河流域生态保护和高质量发展规划纲要》和《黄河流域水资源节约集约利用实施方案》,强化对黄河流域大气、土壤和水等生态环境的保护要求;另一方面,碳达峰、碳中和战略目标进一步明确,在煤炭加工转化与终端利用环节,能耗双控、控水和煤炭消费减量替代等方面进一步提标加码。在这一年,各煤炭企业集团进一步加大了生态环境保护投入,积极响应国家政策要求,持续推进矿区生态文明建设。

7.1 煤炭与环境政策进展

2021年,为落实国家"双碳"目标,促进能源产业转型升级,推进煤炭及相关能源产业的生态环境保护,提高煤炭清洁高效利用水平,国家陆续出台了若干涉及"双碳"、煤炭产业、矿区生态环境保护和煤炭清洁高效利用的政策。

7.1.1 "双碳"相关政策

贯彻新发展理念,出台碳达峰碳中和纲领性文件。 2021年9月22日,中共中央、国务院印发《关于完整准确全面贯彻新发展理念做好碳达峰碳中和工作的意见》。该意见是加快完善碳达峰碳中和"1+N"政策体系中的纲领性文件,意见明确到2025年单位国内生产总值能耗比2020年下降13.5%、单位国内生产总值二氧化碳排放比2020年下降18%、非化石能源消费比重达到20%左右;到2030年单位国内生产总值二氧化碳排放比2005年下降65%以上;非化石能源消费比重达到25%左右,风电、太阳能发电总装机容量达到12亿kW以上,二氧化碳排放量达到峰值;到2060年,非化石能源消费比重达到80%以上。

明确碳达峰目标，推进煤炭消费替代和转型升级。2021年10月24日，国务院印发《2030年前碳达峰行动方案》，方案再次明确了《关于完整准确全面贯彻新发展理念做好碳达峰碳中和工作的意见》中确定的"十四五""十五五"目标，"十四五"时期要严格合理控制煤炭消费增长，"十五五"时期逐步减少。方案针对煤电发展前景，提出了未来要严格控制新增煤电项目，推动重点用煤行业减煤限煤。大力推动煤炭清洁利用，合理划定禁止散烧区域，积极有序推进散煤替代，逐步减少直至禁止煤炭散烧。要求加快煤层气等非常规油气资源开发。通过加强大宗固废综合利用，助力降碳行动。

发布煤炭消费重点行业节能降碳行动方案，确保"双碳"目标实现。2021年10月18日，国家发展改革委、工业和信息化部等联合发布了《冶金、建材重点行业严格能效约束推动节能降碳行动方案（2021—2025年）》和《石化化工重点行业严格能效约束推动节能降碳行动方案（2021—2025年）》，明确提出了钢铁冶炼、建材和合成氨行业的单位产品能耗基准水平和标杆水平。同年11月15日，国家发展改革委、工业和信息化部等联合发布《高耗能行业重点领域能效标杆水平和基准水平（2021年版）》，其中涉及煤炭的内容包括煤炭加工（炼焦、煤制甲醇、煤制烯烃和煤制乙二醇）、水泥制造（水泥熟料）、炼铁（高炉工序）、炼钢（转炉工序）等，文件明确要求现有项目达到单位产品综合能耗基准水平，新建项目达到标杆水平。

7.1.2 产业相关政策

习近平主席在2021年4月22日"领导人气候峰会"上的讲话中提出，中国将严控煤电项目，"十四五"时期严控煤炭消费增长，"十五五"时期逐步减少。2021年9月13日，习近平总书记视察国家能源集团榆林化工有限公司时指出，"煤炭作为我国主体能源，要按照绿色低碳的发展方向，对标实现碳达峰、碳中和目标任务，立足国情、控制总量、兜住底线，有序减量替代，推进煤炭消费转型升级。煤化工产业潜力巨大、大有前途，要提高煤炭作为化工原料的综合利用效能，促进煤化工产业高端化、多元化、低碳化发展，把加强科技创新作为最紧迫任务，加快关键核心技术攻关，积极发展煤基特种燃料、煤基生物可降解材料等"。

发展清洁热电联产，促进煤炭优质产能释放。2021年2月22日，国务院印发《关于加快建立健全绿色低碳循环发展经济体系的指导意见》（国发〔2021〕4号），意见明确要通过促进燃煤清洁高效开发转化利用，严控新增煤电装机容量，继续提升大容量、高参数、低污染煤电机组占煤电装机比例，在北方地区县城积极发展清洁热电联产集中供暖。2021年9月17日，国家发展和改革委员会办公厅、生态环境部办公厅、国家能源局综合司、国家矿山安全监察局综合司联合印发《关于解决煤矿生产能力变化与环保管理要求不一致历史遗留问题的通知》，该通知旨在解决煤矿项目生产能力与环评文件不一致历史遗留问题，释放煤炭优质产能，提高煤炭保供能力。

统筹重大项目能耗，开展煤电机组改造升级。2021年9月11日，国家发展改革委发布《完善能源消费强度和总量双控制度方案》，方案明确对国家重大项目实行能耗统筹，可在当期能耗双控考核中对项目能耗量实行减免；对新增能耗 5 万 t 标准煤及以上的"两高"项目，国家发展改革委会同有关部门加强窗口指导；对新增能耗 5 万 t 标准煤以下的"两高"项目，各地区根据能耗双控目标任务加强管理，严格把关；建立能源消费总量指标跨地区交易机制。2021 年 10 月 29 日，国家发展改革委、国家能源局印发《关于开展全国煤电机组改造升级的通知》(发改运行〔2021〕1519 号)，明确到 2025 年，全国火电平均供电煤耗降至 300 克标准煤/(kW·h)以下。

加快建设专业化产业园区，推行集中供能模式。2021 年 9 月 23 日，国务院发布《"十四五"特殊类型地区振兴发展规划》，指出要"延伸资源型产业链条，稳步推进煤制油、煤制气、煤制烯烃等升级示范"，"加快建设完善一批专业化产业园区和集聚区"。2021 年 10 月 29 日，国家发展改革委、生态环境部、工业和信息化部等多部委联合印发《"十四五"全国清洁生产推行方案》，方案明确对不符合所在地区能耗强度和总量控制相关要求、不符合煤炭消费减量替代或污染物排放区域削减等要求的高耗能高排放项目予以停批、停建。对以煤炭、石油焦、重油、渣油、兰炭等为燃料的工业炉窑、自备燃煤电厂及燃煤锅炉，积极推进清洁低碳能源、工业余热等替代。

2021 年 12 月 8 日至 10 日，中央经济工作会议在北京举行。会议指出，要正确认识和把握碳达峰碳中和。实现碳达峰碳中和是推动高质量发展的内在要求，要坚定不移推进，但不可能毕其功于一役。要坚持全国统筹、节约优先、双轮驱动、内外畅通、防范风险的原则。传统能源逐步退出要建立在新能源安全可靠的替代基础上。要立足以煤为主的基本国情，抓好煤炭清洁高效利用，增加新能源消纳能力，推动煤炭和新能源优化组合。要狠抓绿色低碳技术攻关。要科学考核，新增可再生能源和原料用能不纳入能源消费总量控制，创造条件尽早实现能耗"双控"向碳排放总量和强度"双控"转变，加快形成减污降碳的激励约束机制，防止简单层层分解。

7.1.3 生态保护相关政策

加强排污许可，进行分类管理。2021 年 1 月 24 日，国务院颁布《排污许可管理条例》，条例自 2021 年 3 月 1 日起施行。条例明确依照法律规定实行排污许可管理的企业事业单位和其他生产经营者（以下称排污单位），应当依照条例规定申请取得排污许可证；未取得排污许可证的，不得排放污染物。根据污染物产生量、排放量、对环境的影响程度等因素，对排污单位实行排污许可分类管理。

依法开展环境影响评价，促进开采复垦一体化。2021 年 4 月 27 日，应急管理部、国家矿山安监局、国家发展改革委、国家能源局发布《关于印发煤矿生产能力管理办法和核定标准的通知》，《煤矿生产能力管理办法》中明确生产能力核定涉及的矿区总体规划、环境影响评价、水土保持、土地使用等事项，要按照生态环境部等部门《关于进一步加强煤炭资源开发环境影响评价管理的通知》(环环评〔2020〕63 号) 等规定，依法依规办理。2021 年 3 月 8 日，自然资源部发布《自然资源部关于探索利用市场化方式推进矿山生态修复的意见》(自然资规〔2019〕6 号)，意见提出制定激励政策，吸引各方资金投入，推动市场化运作、科学化治理的模式，加快推进矿山生态修复工作。2021年12月30日，财政部办公厅、自然资源部办公厅印发《关于支持开展历史遗留废弃矿山生态修复示范工程的通知》，通知指出利用中央财政资金支持开展历史遗留废弃矿山生态修复示范工程，突出对国家重大战略的生态支撑，着力提升生态系统质量和碳汇能力；制定"十四五"循环经济规划，促进资源型地区高质量发展。2021年7月1日，国家发展改革委发布《"十四五"循环经济发展规划》，规划确定的重点任务中，要求进一步拓宽煤矸石等大宗固废综合利用渠道作为构建资源循环型产业体系，提高资源利用效率的重要内容，支持扩大煤矸石在生态修复、绿色开采、绿色建材、交通工程等领域的利用规模，推动矿井水用于矿区补充水源和周边地区生产、生态用水等。2021年11月5日，国家发展改革委、财政部、自然资源部发布《推进资源型地区高质量发展"十四五"实施方案》（发改振兴〔2021〕1559号），实施方案对资源型地区下一阶段的发展提出了明确要求，要提高重要矿产资源开采回采率、选矿回收率和综合利用水平，建立科学合理的循环利用模式；大力推进绿色矿山建设，加大已有矿山改造升级力度，新建、扩建矿山全部达到标准要求。

强化黄河流域生态保护，统筹建立二氧化碳排放总量控制制度。 2021年10月，新华社刊登了中共中央、国务院印发的《黄河流域生态保护和高质量发展规划纲要》，纲要明确要推动沿黄河一定范围内高耗水、高污染企业迁入合规园区，加快钢铁、煤电超低排放改造，开展煤炭、火电、钢铁、焦化、化工、有色等行业强制性清洁生产等。2021年11月2日，中共中央、国务院印发《关于深入打好污染防治攻坚战的意见》，意见明确要统筹建立二氧化碳排放总量控制制度；要建设完善全国碳排放权交易市场，并纳入全国统一公共资源交易平台；要加强甲烷等非二氧化碳温室气体排放管控；明确"十四五"末，京津冀及周边地区、长三角地区煤炭消费量分别下降10%、5%左右，汾渭平原煤炭消费量实现负增长。

支持污染治理与节能减碳工作、扩大金融领域对推进煤炭清洁高效利用工作的支持力度。 2021年5月9日，国家发展改革委印发《污染治理和节能减碳中央预算内投资专项管理办法》（发改环资规〔2021〕655号），明确国家支持开展节能减碳改造，推进重点用能单位和园区能源梯级利用、能量系统优化等综合能效提升，以及煤炭消费减量替代和清洁高效利用等工作；所有中央预算内资金支持项目资金规模均不超过项目总投资的15%。2021年12月16日，财政部、国家税务总局、国家发展改革委、生态环境部公布《环境保护、节能节水项目企业所得税优惠目录（2021年版）》以及《资源综合利用企业所得税优惠目录（2021年版）》，其中《环境保护、节能节水项目企业所得税优惠目录（2021年版）》涉及煤炭及关联产业的包括大气污染防治、工业固体废弃物利用处置项目、节能减排技术改造、节水改造及非常规水资源利用等。2021年11月17日，李克强总理主持国务院常务会议，决定设立2000亿元专项再贷款，专项支持煤炭安全高效绿色智能开采、煤炭清洁高效加工、煤电清洁高效利用、工业清洁燃烧和清洁供热、民用清洁采暖、煤炭资源综合利用和大力推进煤层气开发利用。同时要求，统筹研究合理降低项目资本金比例、适当税收优惠、加强政府专项债资金支持、加快折旧等措施。

7.2 煤炭资源绿色开发

随着煤炭行业产业结构调整和供给侧结构性改革的持续推进，煤炭产能进一步向晋、陕、蒙、宁等区域集中。2021年以来，煤炭行业以"绿水青山就是金山银山"理念为指引，重点围绕黄河流域生态保护和高质量发展，扩大生态环境资金投入，持续推进黄河流域煤炭主产区生态环境保护，加大矿区生态治理力度，修复和提升矿区生态功能，促进资源开发与环境保护协调发展。

7.2.1 矿区生态环境面貌不断改善

2021年主要煤炭产区的生态环境状况进一步改善，煤矿采暖锅炉改造（改高效煤粉工业、改电、改气等）和矿区储煤场、输煤系统等无组织排放治理继续推进，矿区主要固体废弃物（煤矸石、粉煤灰）、废水和废气治理的实施成效进一步夯实，包括充填开采、保水开采、煤与瓦斯共采、无煤柱开采等绿色开发技术在部分矿区推广和应用，水源热泵、地源热泵和余热余压等节能低碳技术应用也取得积极成效。以国家能源集团神东先行示范区"三期三圈""五采五治"生态防治、陕煤集团榆北煤业绿色开采与生态建设新模式为代表的典型矿区生态治理典范不断涌现，全国一大批采煤沉陷区和露天排土场环境治理工程生态效应逐步显现。

7.2.2 绿色矿山建设持续推进

2021年1月，自然资源部发布了纳入全国绿色矿山名录的301家矿山名单，其中煤炭企业达67家，且黄河流域相关煤炭主产区的煤矿数量占比较大，以陕煤集团红柳林煤矿等为代表。2021年，内蒙古、山西、宁夏和贵州等省区地方主管部门也加快了省级绿色矿山建设的步伐，分别出台相应政策鼓励绿色矿山建设。其中内蒙古发布的第一批列入绿色矿山名录的70家矿山中，煤矿达41家。绿色矿山建设的持续推进，使得矿区煤炭资源开发与区域经济社会协调发展，实现了经济效益、社会效益、环境效益的高度统一，传统煤炭矿区形象已发生根本转变。

7.2.3 土地复垦率与资源综合利用水平进一步提高

自然资源部在2019年修订并发布的《土地复垦条例实施办法》和《矿山地质环境保护规定》基础上，2021年又相继发布了《自然资源部关于探索利用市场化方式推进矿山生态修复的意见》和《关于支持开展历史遗留废弃矿山生态修复示范工程的通知》，探索推进通过市场化方式解决包括煤炭在内的矿山生态修复问题。山西、内蒙古、安徽、山东、陕西等主要产煤省区积极跟进，推动矿山生态环境治理和土地复垦工作。主要煤炭企业积极响应地方政府号召，积极落实《黄河流域生态保护和高质量发展规划纲要》确定的各项要求，积极推进土地复垦工作进程。2021年，根据行业协会发布的数据，全国煤炭矿区土地复垦率达到57.5%，年土地复垦面积创出新高（图7-1）。矿区循环经济稳步发展，资源综合利用水平和废弃物处置利用效率不断提升。

2021年,全国原煤入选率达到71.7%;矿井水综合利用率、煤矸石综合利用率分别达到79%、73%;大型煤炭企业原煤生产综合能耗、综合电耗分别为10.4 kgce/t、20.7 kW·h/t。

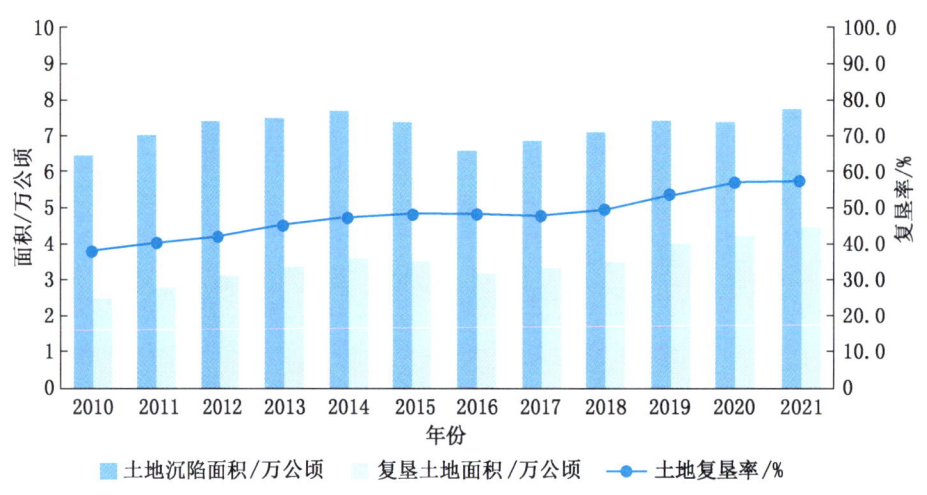

图7-1 2010—2021年采煤区土地复垦情况

7.3 煤炭清洁高效发电

作为煤炭终端消费的最大部门,煤电行业在2021年迎来了近年来最大的挑战,短期方面,2021年下半年以来持续上涨的动力煤市场价格给煤电行业带来了巨大挑战。在国家多项保供政策的强力推动下,在各煤电企业和主要煤炭企业集团的共同努力下,产业上下游克服诸多困难,圆满完成了能源保供任务,煤炭清洁高效发电水平稳步提升。长期方面,随着碳达峰、碳中和目标的确定,能源结构调整的需求更加紧迫,一是煤电仍需要发挥作为基础电源和保障性电源的功能;二是面临向支撑性能源和调节性能源转变的压力,发展的天花板基本已经明确。

7.3.1 煤电发电创历史新高

2021年,在国内疫情科学防控、经济社会发展逐步恢复、外贸出口大幅增长的大背景下,国内能源消费需求较2020年较大幅度增长。国家统计局和中电联发布的数据显示,2021年全国电力装机达23.8亿kW,比上年增长7.9%,电力生产总量为8.3万亿kW·h,同比增长10.3%,其中煤电装机规模达11.1亿kW,同比增长2.8%,煤电全年发电量创历史新高,达5万亿kW·h以上,同比增长8.6%,占全口径总发电量的比重为60%,如图7-2、图7-3所示。

7.3.2 煤电技术发展取得新成果

2021年全国火电机组供电煤耗为302.5 gce/(kW·h),同比降低2.4 gce/(kW·

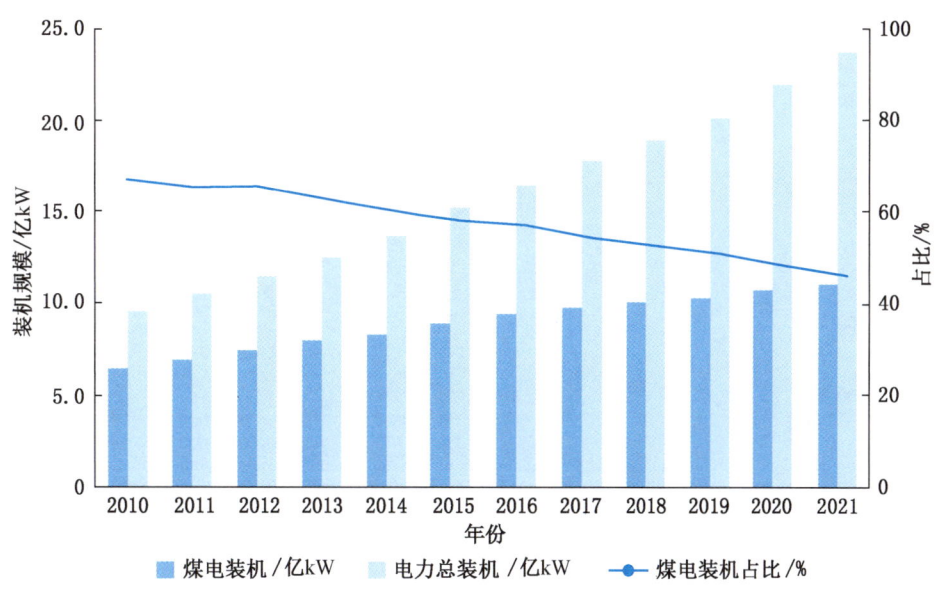

图 7-2　2010—2021 年我国煤电机组装机情况

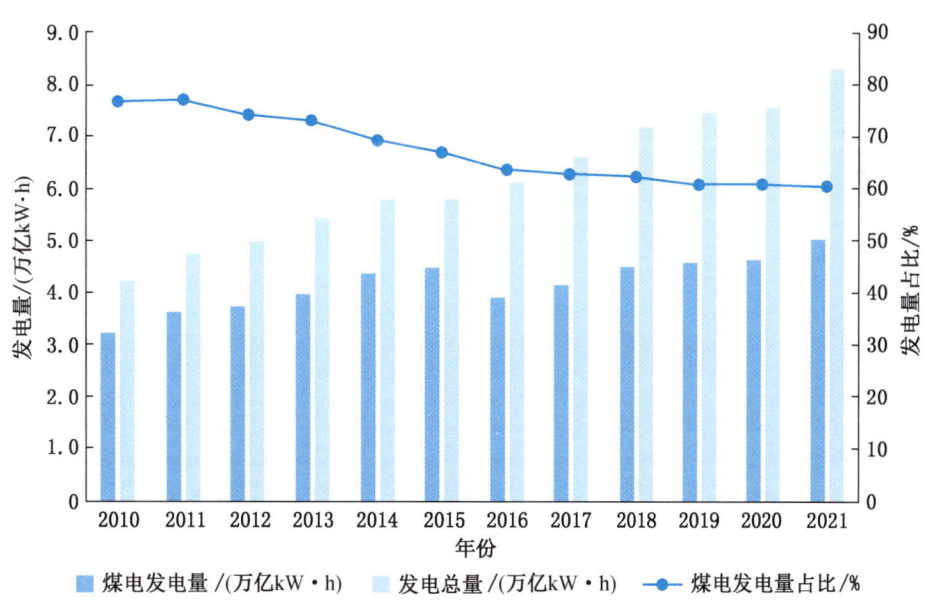

图 7-3　2010—2021 年我国煤电机组发电量情况

h)(图 7-4)，同期煤电装机占火电装机的比重为 85.6%，煤电机组能耗控制水平进一步提升。随着煤电发电量的上升，2021 年煤电行业煤炭消费量也达到了近年来的峰值，以 2020 年煤电行业耗煤情况为基数测算，2021 年煤电行业耗煤量估计在 23.3 亿 t 左右（图 7-5）。

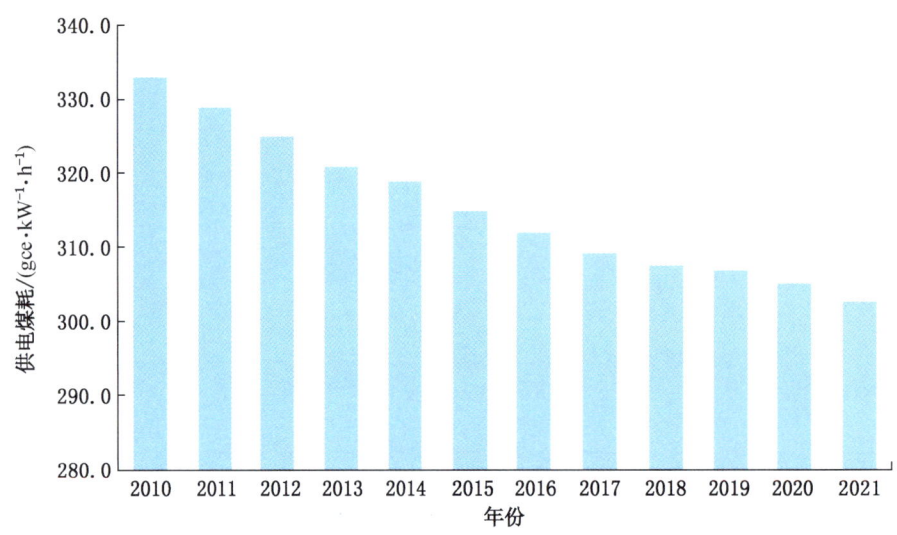

图 7-4 2010—2021 年我国火电机组供电煤耗情况

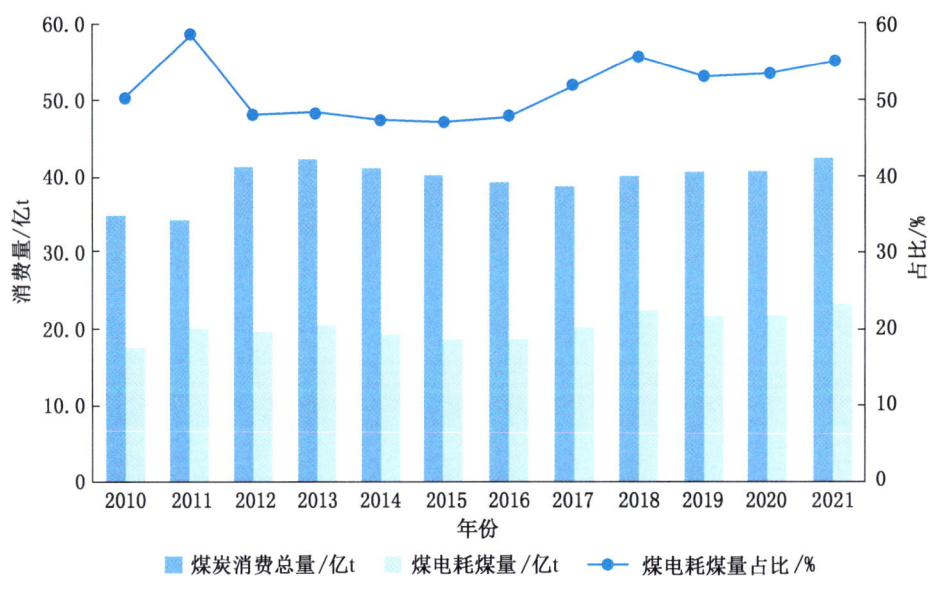

图 7-5 2010—2021 年我国煤电耗煤量情况

2021年12月8日，中国华能集团有限公司自主研发的世界参数最高、容量最大的超临界二氧化碳循环发电试验机组在华能西安热工院顺利完成72小时试运行，该机组发电功率为5000 kW。二氧化碳介质发电机组相比传统水蒸气传热介质发电，具有体积小、效率高和污染小三大优势。在同等装机容量下，二氧化碳发电机组体积只有蒸汽机组的1/25，且在600 ℃高温下，发电效率比蒸汽机组高约5%，采用二氧化碳机组的电厂单位发电量碳排放强度可减少10%。

7.4 煤炭清洁高效转化

截至 2021 年底，我国煤制油、煤制天然气、煤（甲醇）制烯烃和煤（合成气）制乙二醇总产能分别达到 931 万 t/年、61.25 亿 m^3/年、1672 万 t/年（煤制甲醇 1122 万 t/年）、675 万 t/年；2021 年实际产量分别为 796.31 万 t、46.29 亿 m^3、1575 万 t（1135 万 t）、323 万 t。现代煤化工产业四大类产品共消耗原煤 14635 万 t，其中原料煤 10704 万 t，燃料煤 3931 万 t。

7.4.1 传统煤化工产业保持基本稳定

煤制天然气基本稳定。 截至 2021 年底，我国煤制天然气 4 套生产装置在运行，总产能达到 61.25 亿 m^3/年，2021 年全年生产煤制天然气 46.29 亿 m^3，较上年减少 0.45 亿 m^3。实际消耗原煤 1909.6 万 t，其中原料用煤 1337.85 万 t，燃料用煤 571.75 万 t，见表 7-1。

表 7-1 我国煤制天然气示范项目情况

序号	单 位	产能/(亿 $m^3 \cdot$ 年$^{-1}$)	产量/(亿 $m^3 \cdot$ 年$^{-1}$)	原料煤/万 t	燃料煤/万 t	消耗原煤/万 t
1	新疆庆华 55 亿 m^3/年煤制天然气项目	13.75	9.6	251	123	374
2	大唐克旗 40 亿 m^3/年煤制天然气项目	13.3	12.29	454.78	220.07	674.85
3	伊犁新天 20 亿 m^3/年煤制天然气示范项目	20	19.1	487.75	182.92	660.67
4	内蒙古汇能煤制天然气项目	14.2	5.3	144.32	45.76	190.08
	合 计	61.25	46.29	1337.85	571.75	1909.6

2021 年 9 月 14 日，新增汇能二期煤制天然气项目 1 套，新增产能 10.2 亿 m^3/年。受煤炭供需紧张和煤价上涨影响，部分企业出现煤炭供应短缺造成的负荷下降问题，导致全年产量较上一年度下降。

煤制油产品同比增加 13.4%。 截至 2021 年底，我国 10 套煤制油装置总产能维持 931 万 t/年不变，全年无新增产能。在产 6 套装置有效产能 872 万 t/年，2021 年全年生产煤制油产品 796.31 万 t，较上年增长 123.30 万 t。实际消耗原煤 4048.7 万 t，其中原料用煤 3186.4 万 t，燃料用煤 862.3 万 t，见表 7-2。

表 7-2 我国煤制油示范项目情况

序号	单 位	产能/(万t·年⁻¹)	产量/(万t·年⁻¹)	原料煤/万t	燃料煤/万t	消耗原煤/万t
1	神华鄂尔多斯 108 万 t/年煤直接液化项目	108	86.1	323.68	126.88	450.56
2	神华宁煤 400 万 t/年煤炭间接液化示范项目	405	418	1730.47	472.92	2203.39
3	陕西未来能源榆林 100 万 t/年煤间接液化项目	115	90.09	357.02	51.63	408.65
4	内蒙古伊泰鄂尔多斯 16 万 t/年煤间接液化项目	16	16.12	68.27	24.38	92.65
5	伊泰 120 万 t/年精细化学品商业化示范项目	120	123	471.44	119.44	590.88
6	山西潞安高硫煤清洁利用油化电热一体化项目	108	63	235.56	67.01	302.57
	合　计	872	796.31	3186.4	862.3	4048.7

2021 年，作为国内规模最大的国家能源集团宁夏煤业煤制油项目，设计产能 405 万 t/年，实际产量 418 万 t，该项目自 2016 年底投产以来首先实现达产，标志着全国最大的煤制油项目打通全部工艺流程，实现安全、稳定、长周期、满负荷生产，具备了规模化发展的基础和条件。受原油价格大幅上涨影响，煤制油全行业实现扭亏为盈。

煤（甲醇）制烯烃基本稳定。 2021 年煤（甲醇）制烯烃总产能维持 1672 万 t/年，无新增产能，总产量约 1575 万 t。其中，17 家煤制烯烃项目产能维持 1122 万 t/年，产量约 1135 万 t，产能利用率 101.16%，实际消耗原煤 7605 万 t，其中原料用煤约 5323 万 t，燃料用煤约 2282 万 t。

受石化行业产品价格大幅增长影响，烯烃产品产销两旺，煤（甲醇）制烯烃产能利用率高负荷运行，表现出较强的经济性。

煤（合成气）制乙二醇有所下降。 2021 年煤（合成气）制乙二醇 28 套项目总产能达到 675 万 t/年，新增项目 5 套，新增产能 186 万 t/年；2021 年全年受高煤价影响，部分装置停车，全年产量约 323 万 t，实际消耗原煤 1085 万 t，其中原料用煤约 857 万 t，燃料用煤约 228 万 t。

2021 年 3 月，国家发布《中华人民共和国国民经济和社会发展第十四个五年规划和二〇三五年远景目标纲要》，纲要提出构建现代能源体系，大力发展绿色经济，"坚决遏制高耗能、高排放项目盲目发展，推动绿色转型实现积极发展"，"推动煤炭等化石能源清洁高效利用"，"实施 4.6 亿吨焦化产能清洁生产改造"。在第十五篇"统筹发

展和安全 建设更高水平的平安中国"中，明确提出实施能源资源安全战略，"夯实国内产量基础，保持原油和天然气稳产增产，做好煤制油气战略基地规划布局和管控"，"稳妥推进内蒙古鄂尔多斯、陕西榆林、山西晋北、新疆准东、新疆哈密等煤制油气战略基地建设，建立产能和技术储备"。

7.4.2 现代煤化工技术有所突破

1. 煤制乙醇技术（DMTE 技术）

煤经合成气直接制乙醇技术，是继煤制油、煤制天然气、煤制烯烃、煤制乙二醇之后，煤化工行业的又一个新突破。中国科学院大连化学物理研究所和陕西延长石油（集团）有限责任公司在陕西省榆林市建设的具有我国自主知识产权的全球首套煤基乙醇工业化项目——陕西延长 10 万 t/年合成气制乙醇工业示范项目已打通全流程，生产出合格的无水乙醇。技术的进步让燃料乙醇市场迎来巨大转机，煤基乙醇技术开辟了乙醇生产的新路径，解决了长期以来乙醇大规模工业化生产只能依赖生物质发酵法的瓶颈。煤基乙醇的生产成本为 3000~4000 元/t，远低于生物发酵法制乙醇，具备较强的市场竞争力。

该项目从 2012 年开始，陕西延长石油（集团）有限责任公司与大连化学物理研究所签订了全面战略合作协议，共同开展"煤基乙醇整套工艺技术的开发"工作，并于 2013 年在催化剂研制上取得突破，为煤基乙醇工程化技术开发奠定了理论基础。2017 年 3 月，由北京石油化工工程有限公司负责完成从实验室小试到工业化装置的工程化实现，在全球范围内首次建成了 10 万 t/年新型煤基无水乙醇装置。而榆神能化公司自 2020 年开始，在榆神清水工业园建设的 50 万 t/年煤基乙醇项目，预计也将在 2022 年 8 月建成投产。

2. "液态阳光"技术

"液态阳光"由中国科学院大连化学物理研究所液态阳光研究组命制，并于 2018 年 9 月在国际杂志《焦耳》上公开发表，得到了国际学术界和同行的一致认可。该技术的基本原理是，利用太阳能、风能等可再生能源分解水制绿氢，再由绿氢加二氧化碳转化生产甲醇。

"液态阳光"首套示范项目位于甘肃省兰州新区，总投资 1.4 亿元，总占地约 289 亩，配套建设总功率为 1 万 kW 的光伏发电、占地 259 亩，为电解水制氢设备提供电力。"液态阳光"千吨级示范项目由太阳能光伏发电、电解水制氢和二氧化碳加氢合成甲醇三个基本技术单元构成。2019 年 12 月，70 多台设备陆续制作完成进厂安装。2020 年 1 月，"液态阳光"示范项目投料试车，进料 3 小时后生产出液体甲醇产品，经权威机构测评，甲醇有机物含量达到 99.5%，标志着我国利用可再生能源制备液体燃料迈出了工业化的第一步。2020 年 10 月，该项目通过了相关单位组织的科技成果鉴定。鉴定委员会专家认为：该项目集成创新了液态太阳燃料合成全流程工艺装置，具有完全自主知识产权，整体技术处于国际领先。

该项目的成功示范，对发展我国可再生能源、缓解能源安全问题乃至改善全球生态平衡具有重大战略意义：一是将电能转化为可储存运输的化学能，提供了高压输电之外的太阳能利用新途径，为解决可再生能源间歇性问题和"弃光、弃风、弃水"问题提供了新的策略；二是将二氧化碳作为碳资源转化利用，并解决氢能储存和运输的安全难题，可为进行低碳乃至零碳、清洁的能源革命提供创新技术路线。经初步测算，该项目若满负荷运行，每年可生产甲醇 1500 t，消耗二氧化碳 2000 t，消纳太阳能发电 1500 万 kW·h。

3. 煤制天然气催化剂全部实现国产化

国内建成投产的 5 个煤制天然气项目均采用国外公司的技术，煤制天然气项目催化剂的国产化进程缓慢，成为煤制天然气的技术难点。为解决相关瓶颈问题，自 2010 年开始，西南化工研究设计院有限公司立项进行煤制天然气技术工艺包及关键催化剂研究；2013 年 1 月该院与中海油气电集团组建联合科研攻关团队，当年 350 m^3/年甲烷化模试成功；2014 年国内第一套 2000 m^3/h 煤制天然气甲烷化全流程中试成功；后又历时 8 年对催化剂不断改进，2021 年在庆华集团煤制气公司工业侧线开车成功。工业侧线试验表明，与国外催化剂相比，西南化工研究设计院 CNGC-2 气体调节剂变换活性更高、稳定性更好；CNJ-8 甲烷化催化剂提升了单程甲烷化反应的转化效率，可适用于更低的 H/C 比和汽气比，是更节能、更高效、适应性更强的新型催化剂。

此外，大唐化工技术院也成功研发出甲烷合成催化剂，2021 年 7 月大唐克旗煤制天然气项目全部换装大唐化工技术院自主研发的 SNG 催化剂。晋煤天庆和伊犁新天 2 个煤制天然气项目也采用大唐化工技术院 SNG 催化剂部分替代进口。2022 年春节前，西南化工研究设计院与庆华能源集团有限公司正式签订 15 亿 m^3/年煤制天然气项目 CNGC-2 气体调节剂和 CNJ-8 甲烷化催化剂供货合同。该合同的签订标志着我国 5 套煤制天然气项目的催化剂首次完全实现全部国产化。

4. 宁夏宝丰太阳能电解水制氢综合示范项目

宝丰太阳能电解水制氢综合示范项目是全球单体最大的跟踪式农光互补地面光伏电站，也是宁东能源化工基地氢能产业首个环保项目，还是国内首个以"绿氢"为氢源与现代煤化工耦合生产高端化工新材料的项目。与常规煤制甲醇项目相比，每年可减少煤炭资源消耗 25.4 万 t，减少二氧化碳排放约 44.5 万 t，环保效益、社会效益显著。

该项目是目前世界最大的太阳能电解水制氢储能综合利用项目（10×1000 Nm^3/h），通过太阳能生产绿色电能，再把绿色电能作为动力，从而制取出"绿氢"和"绿氧"，最终用"绿氢"替代煤作为原料、"绿氧"替代燃料煤制氧，生产出聚乙烯、聚丙烯等上百种高端化工产品。2020 年 4 月 17 日上午，该项目正式启动。2021 年 4 月 20 日，历经一年多的建设，宁夏宝丰"国家级太阳能电解水制氢综合示范项目"正式投产。项目依托宝丰集团现有循环经济产业链，共计投资 14 亿元，新建两套 10×1000 Nm^3/h 电解水制氢装置及配套公辅设施和 2×100 兆瓦复合型光伏电站、宁东能源中心示范站，加氢站 1 座，并将企业现有的两座油气共建站改造成油、气、氢共建示范站。该项目建设包括制氢厂房、控制室、氢气压缩机厂房及储罐、罐车装车站、氢气和氧气外送管道、公用工程等,利用 20 万千瓦光伏发电装置和产能 2 万 Nm^3/h 的电解水制氢装置进行生产,预计年产 1.6 亿 Nm^3 氢气、副产 0.8 亿 Nm^3 氧气。

电解水制氢采用的"绿电"来源于宝丰光伏发电项目。一期 10 亿 W 工程占地面积 3 万亩,规划投资 70 亿元,目前已实现并网发电,年均发电量约 11.27 亿 kW·h,预计年平均净效益 3.6 亿元。计划建设的二期工程,占地面积将达到 7 万亩。未来,宝丰集团规划在 10 万亩光伏项目土地上种植 10 万亩优质枸杞,实施枸杞产业扶贫项目,项目将采用"企业+农户"合作经营模式,持续解决 1.7 万贫困户、8 万贫困人口就业,平均每户增收 12 万元。同时,还将在光伏产业和枸杞产业项目区建设观光台、五星级观光小木屋、农家庄园、快乐农场、蔬菜大棚等基础设施,打造银川近郊旅游景点,成为银川及周边市民休闲娱乐、旅游度假、绿色采摘的乐园。最终形成"上方光伏发电、下方枸杞种植、全方位观光旅游"的一体化新型特色产业。

7.5 资源综合利用

2021 年,国家进一步加大了对资源综合利用工作的支持力度,一方面,继续推进大宗固体废弃物综合利用相关工作,加大对工业固体废弃物排放、利用和处置的监管力度;另一方面,通过修订《资源综合利用企业所得税优惠目录》和《资源综合利用产品和劳务增值税优惠目录》,推进《资源综合利用法》立法相关工作,多渠道多路径促进资源综合利用产业的发展。

7.5.1 煤矸石综合利用率进一步提高

1. 国家层面政策支持力度进一步加强

国家发展改革委、科技部、工业和信息化部、财政部、自然资源部、生态环境部、住房和城乡建设部、农业农村部、市场监管总局和国管局 2021 年 3 月 18 日联合发布《关于"十四五"大宗固体废弃物综合利用的指导意见》(发改环资〔2021〕381 号),指导意见中明确提出了"十四五"要持续提高煤矸石综合利用水平,推进煤矸石和粉煤灰在工程建设、塌陷区治理、矿井充填以及盐碱地、沙漠化土地生态修复等领域的利用等。

修订后的《资源综合利用企业所得税优惠目录(2021 年版)》中,新增了利用煤矸石、煤泥生产电力、热力和煤矸石井下充填开采置换出的呆滞煤量等内容,并对 2008 版中利用煤矸石生产建材产品的范围进一步扩充明确,类别包括砌块、新型墙体材料、石膏类制品以及商品粉煤灰、建筑砂石骨料、道路用建筑垃圾再生骨料、再生级配骨料、再生骨料无机混合料、预拌商品混凝土等。

2021 年 12 月 22 日,生态环境部办公厅印发《关于开展工业固体废物排污许可管理工作的通知》(环办环评〔2021〕26 号)。该通知在《排污许可管理条例》基础上,依法逐步将产生工业固体废物单位的工业固体废物环境管理要求纳入其排污许可证。

随着该文件的下发，煤炭生产企业对煤矸石等固体废弃物的排放统计、管理要求进一步提高，需要明确产生的工业固废种类、产生环节、去向，同时需要对自行贮存、利用、处置设施基本情况进行上报。12月30日，生态环境部发布《一般工业固体废物管理台账制定指南（试行）》，对包括煤矸石、粉煤灰等一般固体废弃物的管理台账进行了细致规定。

2. 煤矸石综合利用率进一步提高

随着国家和地方政府对煤矸石等固体废弃物利用和处置工作的重视程度日益提高，各煤炭企业集团加大了在煤矸石综合利用方面的投入，积极响应国家和矿区所在地政府的号召，加快推进煤矸石在充填开采、利废建材、充填采空区、筑路复垦等方面的利用。国家发展改革委办公厅2021年12月27日发布的40个大宗固体废弃物综合利用示范基地和60家大宗固体废弃物综合利用骨干企业名单中，主要煤炭产区的示范基地有唐山市、阳泉市、保德县、吕梁市和泰安市等，入选骨干企业的煤炭企业为窑街煤电集团有限公司等。根据相关行业协会发布的测算数据，2021年全国煤矸石综合利用率为73.0%，如图7-6所示。

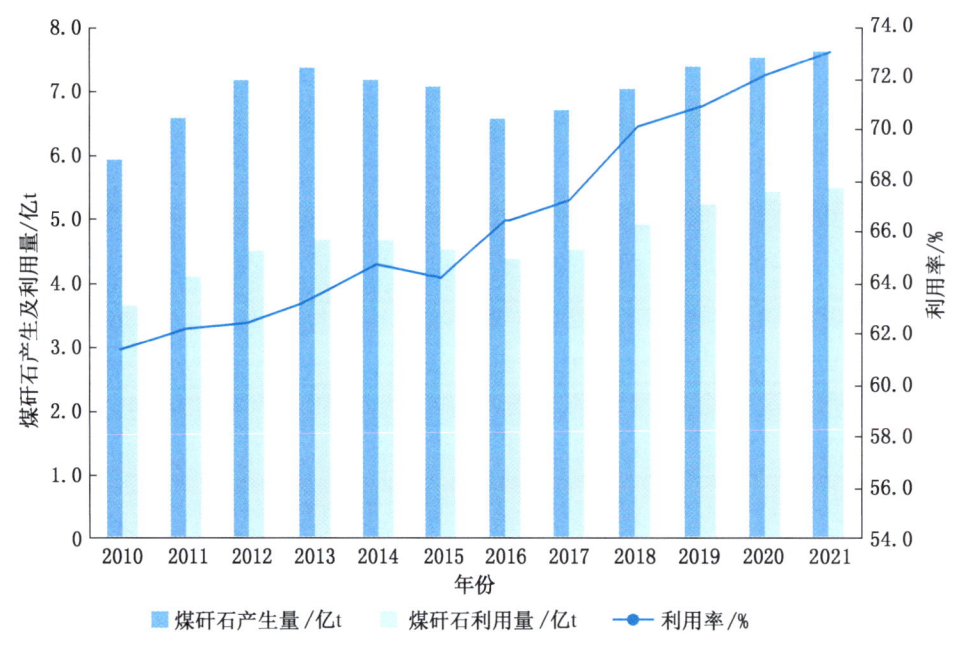

图7-6　2010—2021年我国煤矸石综合利用情况

7.5.2　矿井水综合利用水平不断提升

1. 促进矿井水利用政策陆续出台

2021年10月28日，国家发展改革委、水利部、住房和城乡建设部、工业和信息化部、农业农村部联合发布《"十四五"节水型社会建设规划》。规划明确提出了"十四五"期间的重点领域，矿井水作为非常规水资源，也被纳入该重点领域中，并明确将矿井水纳入水资源统一配置，缺水地区严格控制具备使用非常规水源条件但未有效利用的高耗水行业项目新增取水许可，即缺水型矿区周边的高耗水项目要求应有效利用矿井水资源。

2021年12月6日，国家发展改革委、水利部、住房和城乡建设部、工业和信息化部、农业农村部联合印发《关于印发黄河流域水资源节约集约利用实施方案的通知》（发改环资〔2021〕1767号）。实施方案提出推进陇东、宁东、蒙西、陕北、晋西等能源基地的煤炭矿井水综合利用。在矿井疏干水质符合《农田灌溉水质标准》（GB 5084—2021）的前提下，具备条件地区可推广用于农业灌溉。到2025年，黄河流域矿井水利用率达到68%以上。

财政部、国家税务总局2021年12月30日联合发布《关于完善资源综合利用增值税政策的公告》（公告2021年第40号），对资源综合利用产品和劳务相关的政策执行问题进行了细致说明，其中有关矿井水的内容主要有：纳税人从事《资源综合利用产品和劳务增值税优惠目录（2022版）》所列的矿井水等项目，可执行增值税即征即退政策或免征增值税政策两种方式，方式一经选定，36个月内不得变更内容。退税比例从2015版的50%提高至70%。

2. 矿井水利用率保持在较高水平

经过多年的发展，目前矿井水综合利用工程规模显著加大，装备水平不断提高，逐步向大型化、系统化、自控信息化方向发展；开发了适应不同水质的处理技术工艺和装备。矿区矿井水综合利用方式和利用途径多样化，除传统的井下和煤场降尘、厂区绿化、洗选厂补水、综合利用电厂补水和生活用水等利用途径外，部分矿区还将净化后富余的矿井水输送至周边的化工、钢铁和发电等企业作为补充水源，拓展了矿井水的综合利用方式。2010—2021年我国矿井水综合利用情况如图7-7所示。

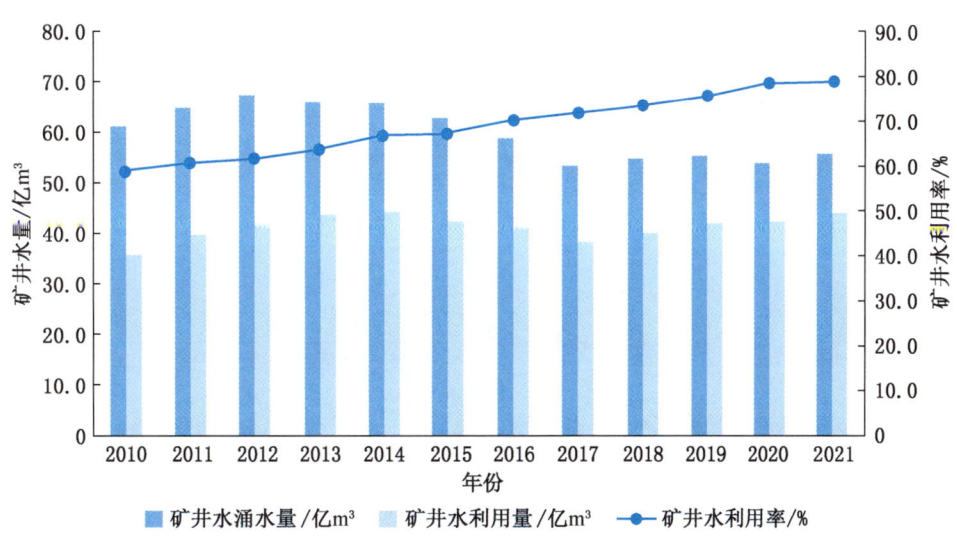

图7-7 2010—2021年我国矿井水综合利用情况

7.5.3 煤层气（煤矿瓦斯）综合利用规模不断扩大

1. 煤层气（煤矿瓦斯）相关政策陆续出台

在碳达峰、碳中和目标下，特别是2021年11月10日，中国和美国在联合国气候变化格拉斯哥大会期间发布《中美关于在21世纪20年代强化气候行动的格拉斯哥联合宣言》，我国确定了要制定全面、有力度的甲烷国家行动计划，相关主管部门根据联合宣言的要求，已经启动了国内甲烷减排的相关政策制定工作。在中共中央、国务院印发的《关于深入打好污染防治攻坚战的意见》中，也明确提出了要加强甲烷等非二氧化碳温室气体排放管控。可以预见，煤炭行业面临巨大的甲烷减排压力，"十四五"及今后一个时期，甲烷减排将成为制约煤炭行业高质量转型发展的重要因素之一。

2. 煤层气（煤矿瓦斯）抽采利用规模进一步扩大

从相关统计数据看，我国的煤矿瓦斯利用水平近年来取得了长足进步（图7-8、图7-9），从煤矿瓦斯利用现状看，高浓度、富集的瓦斯资源，开发利用成本较低、效益较好，所以利用率相对较高，利用率偏低主要集中在井下抽采瓦斯和通风（乏风）瓦斯上。煤矿瓦斯的主要利用技术包括：地面抽采煤层气制备管道天然气（PNG）、压缩天然气（CNG）和液化天然气（LNG）用作工业燃料，目前相关技术比较成熟，利用率也高；中、高浓度瓦斯井下抽采用作民用燃料、工业燃料和瓦斯发电等，瓦斯发电总规模目前已超过200万kW；通风（乏风）瓦斯目前主要利用途径是蓄热氧化销毁进行供热、发电等，目前相关技术应用尚处于示范阶段，大规模、低成本技术和装备有待研发。

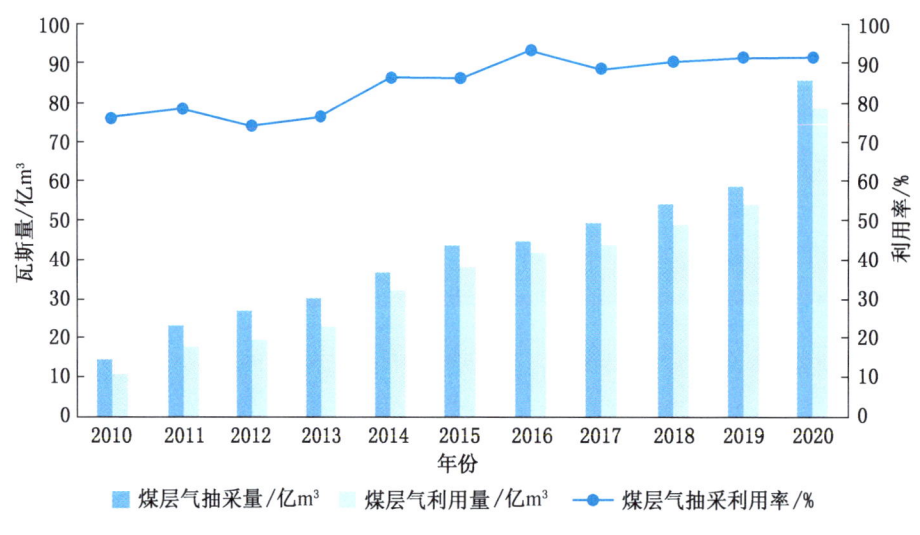

图7-8　2010—2020年我国煤层气抽采利用情况

7 煤炭与环境

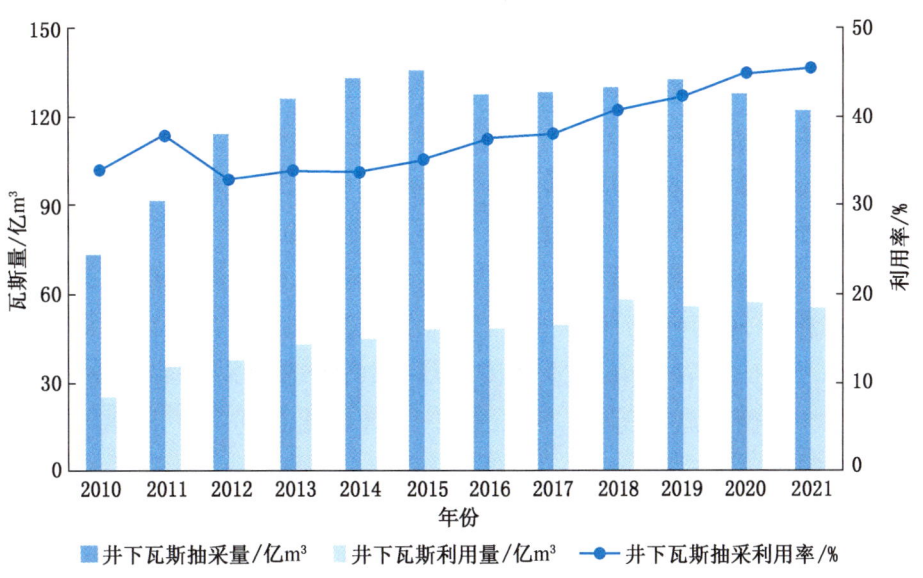

图 7-9　2010—2021 年我国煤矿瓦斯抽采利用情况

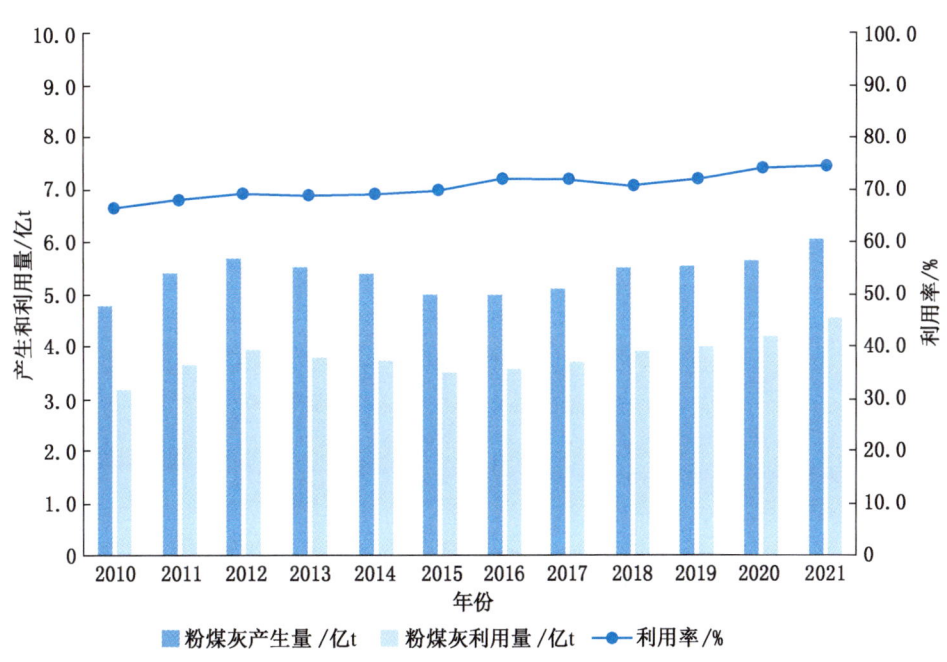

图 7-10　2010—2021 年我国粉煤灰综合利用情况

7.5.4　粉煤灰综合利用水平有所提高

粉煤灰是燃煤电厂的主要固体废弃物，粉煤灰排放量与电厂煤炭消耗量密切关联。2021 年，随着煤电发电量的大幅增加，粉煤灰产生量较 2020 年有较大比例增长，以历史数据测算 2021 年全国粉煤灰排放量约为 6.0 亿 t（图 7-10），粉煤灰的区域分布与煤电机组的区域分布一致。从各省综合利用情况看，北京、天津、长三角地区、两湖两广、重庆等地区综合利用率达到 100%，河南、河北、福建、贵州、四川、甘肃等省的粉煤灰综合利用率也在 95% 以上，内蒙古、山西、宁夏、新疆等省区由于粉煤灰综合利用产品消费能力相对有限，综合利用率也偏低。从利用途径看，粉煤灰主要用于生产建筑材料（如水泥、混凝土、粉煤灰砖、砌块、砂浆等）、筑路材料（如路面基层材料、代替黏土筑高速公路路堤）、提取矿物和高附加值产品、农业、回填等。绝大多数省粉煤灰综合利用方式主要为水泥和混凝土，北京、浙江、江西、湖北、广东、广西、重庆等省区市超过 90%；部分省用于墙体材料有一定占比，如黑龙江、江苏、福建、河南、湖南等省；部分煤炭大省粉煤灰进行了回填，如山西、内蒙古、宁夏、新疆等省区。

8 煤炭科技

2021年煤炭行业在智能开采、巷道掘进支护和清洁高效利用等方面取得了多项重大科技进展。煤炭领域1人当选中国工程院院士，获得8项2020年度国家科技奖、17项中国专利奖，获批1处省部共建国家重点实验室，发布146项各类国家和行业标准。"十四五"期间，煤炭行业要坚持强化煤炭基础理论研究，聚焦重点领域开展核心技术攻关，推广先进适用技术。

8.1 2021年煤炭科技重大进展

8.1.1 煤矿智能开采取得多项新进展

1. 全球最大采高10 m智能化支架诞生

2021年10月，中煤能源集团所属北煤机公司制造出全球最大采高10 m智能化支架，该产品是特厚煤层一次采全高超大工作阻力特大采高智能化液压支架，支护装备的高度、工作阻力和智能化程度等多项参数均为世界之最，有效提高了工作效率和资源回采率，代表了当今世界先进水平，进一步巩固了我国在超大采高液压支架方面的世界领先地位。

2. 煤与油型气共生矿区安全智能开采关键技术获突破

2021年11月，陕西煤业化工集团黄陵矿业公司主导完成的"煤与油型气共生矿区安全智能开采关键技术与工程示范"获2020年度国家科学技术进步奖二等奖。黄陵矿业通过自主创新，揭示了含煤地层和采掘扰动区油型气分布涌出规律，首创了煤与油型气共生矿区安全高效智能开采技术体系，并研发了适用于煤与油型气共生煤田的智能开采配套装备，制定了智能化开采技术和管理标准体系，建成了首个国家智能化开采示范基地。该项目消除了油型气威胁，使油型气防御面积减少30%、生产效率提高20%、人员减少70%。

3. 我国首套煤矿井下智能化供电系统研制成功

2021年7月，晋能控股装备制造集团安易电气公司研制出全国首套煤矿井下智能化供电系统，解决了井下传统供电系统通信端口互不兼容、管理技术整体落后等"卡脖子"难题，为智慧化矿山建设提供了装备和技术保障。目前，该系统已进入试运行阶段。

4. 世界首台百吨级纯电动矿用自卸车研发工作启动

2021年3月，国家电力投资集团有限公司南露天煤矿与湘电重型装备公司正式签订了百吨级自卸车电能替代研究与应用项目合同，标志着世界首台百吨级纯电动矿用自卸车研发工作正式启动。该项目通过高效集成纯电动动力系统、电驱动控制系统、能量管理系统、充电系统以及其他配套系统，取代传统矿用自卸车燃油动力系统；采用插电式充电方式，在满电情况下可实现重载108 t连续作业8小时，最大爬坡度可达到17°。

5. 全国首台柴油机单轨吊无人驾驶机车在安徽淮北矿业集团杨柳矿试验成功

2021年7月，全国首台柴油机单轨吊无人驾驶机车在安徽淮北矿业集团杨柳矿试验成功。这一技术的应用在国内尚属首例。该技术为进一步建设完善杨柳矿柴油机单轨吊全矿井网络化运输和智能物料配送打下了坚实基础，为淮北矿业集团综合自动化、智能化系统的研究提供了技术支撑。

8.1.2 巷道掘进支护新技术获得推广应用

1. 煤矿巷道抗冲击预应力支护关键技术获推广

2021年11月，中国工程院院士康红普及其团队主要完成的煤矿巷道抗冲击预应力支护关键技术获得2020年度国家技术发明奖二等奖。该项目动静载锚杆力学性能综合测试台是国际上唯一一套能够同时测试锚杆复杂受力状态及动静载组合加载力学性能的设备；该项目发明了高冲击韧性、超高强度、低成本预应力锚杆材料和制造工艺及高预应力施加设备，发明了新型钻锚注一体化锚杆、锚固与注浆材料以及配套施工设备；经系统集成后，形成了煤矿巷道抗冲击预应力支护成套技术体系，在冲击地压、深部高应力及强采动巷道中得到成功应用，显著提高了煤矿巷道支护技术水平。目前，该技术已在18个矿区推广应用。

2. 我国首台全断面矩形快速掘进机通过验收

2021年8月，由中国煤炭科工集团上海煤科工程装备与液压技术研究院和国家能源集团神东煤炭公司联合研制的我国首台全断面矩形快速掘进机顺利通过项目验收。全断面矩形快速掘进机在神东哈拉沟煤矿22524巷道进行工业性试验，掘进速度最高达到8 m/h，具备月掘进3000 m的能力。特别是经历了过2.3 m、5.1 m两个断层的考验，该设备展示出对复杂地质条件的适应性。该设备可实现5.8 m×3.8 m矩形巷道断面一次掘进成型，具有高效装载、自动导航定位、掘支一体化、远程智能控制等功能，展现出断面成型质量高、工作环境粉尘小以及掘进作业安全可靠等特点。

8.1.3 煤炭清洁高效利用技术实现新突破

1. 国家能源集团榆林化工40万t/年乙二醇项目投产

2021年11月，国家能源集团榆林化工40万t/年乙二醇项目一次打通全流程，成功生产出合格乙二醇产品。40万t/年乙二醇项目由国家能源集团自主设计、自主建设,且装备全部实现国产化,其中核心装置 10 万 t/年羰化反应器为国内在运最大乙二醇羰化反应器。该项目的顺利投产,为下一步转产聚乙醇酸可降解塑料奠定了基础,对促进国家煤化工产业向"高端化、多元化、低碳化"转型发展有重要的示范意义和积极影响。

2. 清华大学能动系"气化炉"专利项目荣获中国专利金奖

2021 年 5 月,清华大学能动系张建胜等人发明的"气化炉"专利项目荣获中国专利金奖。"气化炉"专利技术解决了高温下水冷壁保护、无蓄热点火、稳定传热和灰渣堵塞矛盾问题,形成了"水煤浆水冷壁气化炉"专利群。国际首创的水煤浆水冷壁气化技术,突破了水煤浆气化炉不能使用高硫、高灰、高灰熔点等劣质煤的瓶颈,增强了煤种适应性,并具有单炉运行时间长、可用率和系统效率高、制造维护成本低等优势。

3. 全球首套 1 兆瓦时钠离子电池储能系统投运

2021 年 6 月,由华阳新材料集团和中科海钠公司共同打造的全球首套 1 MWh(兆瓦时)钠离子电池储能系统,在山西转型综合改革示范区投运。全球首套 1 MWh 钠离子电池储能系统的核心为钠离子电池。该电池利用阳泉无烟煤作为前驱体,采用中国科学院全球首创的碳基负极材料生产技术和正极廉价原料加工工艺生产。钠离子电池储能系统由百千瓦时级进入兆瓦时级,意味着该系统可进入应用环节,并与光伏、风能联用,为"双碳"目标的实现作出贡献。

8.2 科技平台建设

2021 年,煤炭领域共建成国家企业技术中心 30 个。科技部批准的国家重点实验

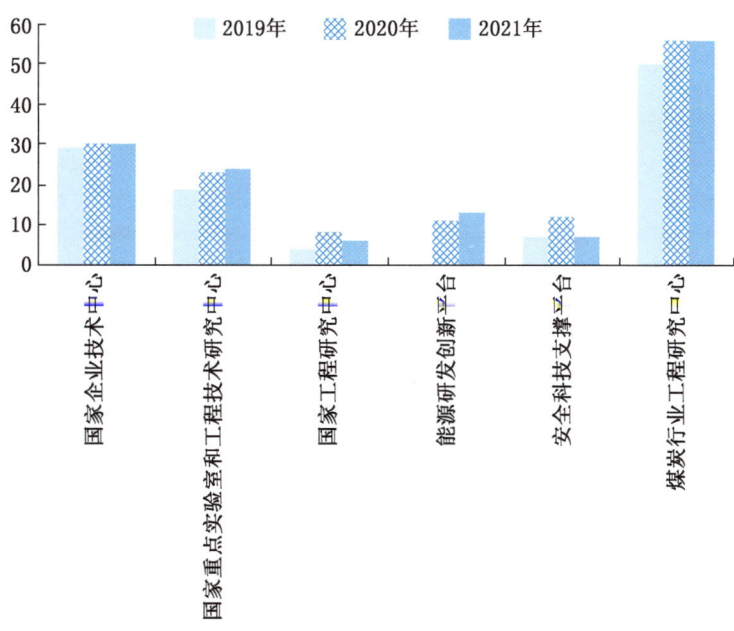

图 8-1 2019—2021 年煤炭领域科技平台

室和工程技术研究中心24个；其中，太原理工大学省部共建煤基能源清洁高效利用国家重点实验室为2021年新获批。国家发展改革委批准的国家工程研究中心6家。国家能源局考核合格的国家能源研发创新平台13个。应急管理部发布的安全科技支撑平台7个。中国煤炭工业协会评定的煤炭行业工程研究中心56个，如图8-1所示。

8.3 科技人才培养

2021年，煤炭行业科技人才培养体系持续完善，人才发展机制不断创新，人才结构不断优化，涌现出一批中青年科技创新领军人才。中国矿业大学（北京）葛世荣教授评选为中国工程院院士。煤炭行业2人获得孙越崎能源科学技术奖能源大奖，10人获得青年科技奖。中国煤炭学会评选出全国煤炭青年科学技术奖60人。

8.4 科技奖励及专利

2021年煤炭行业共获得2020年度国家科技奖励项目8项，其中科技进步奖一等奖1项、科技进步二等奖4项、技术发明二等奖3项；获得第二十二届中国专利奖17项，其中金奖1项、银奖1项、优秀奖15项，如图8-2所示。中国煤炭工业协会、中国煤炭学会评选出中国煤炭工业协会科学技术奖329项，其中特等奖3项、一等奖42项、二等奖133项、三等奖145项、创新团队6个。

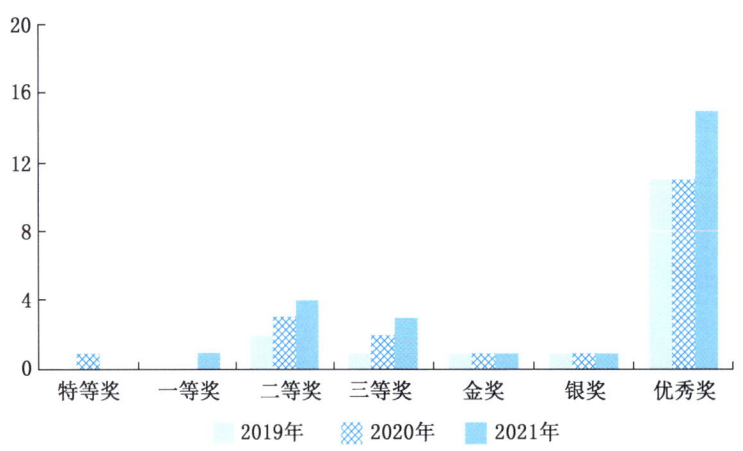

图8-2　2019—2021年煤炭行业国家科技奖和中国专利获奖情况

8.5 煤炭领域标准

2021年，煤炭领域发布国家标准（GB）37项，国家能源局批准的行业标准（NB）107项，应急管理部批准的行业标准（AQ）2项，如图8-3所示。

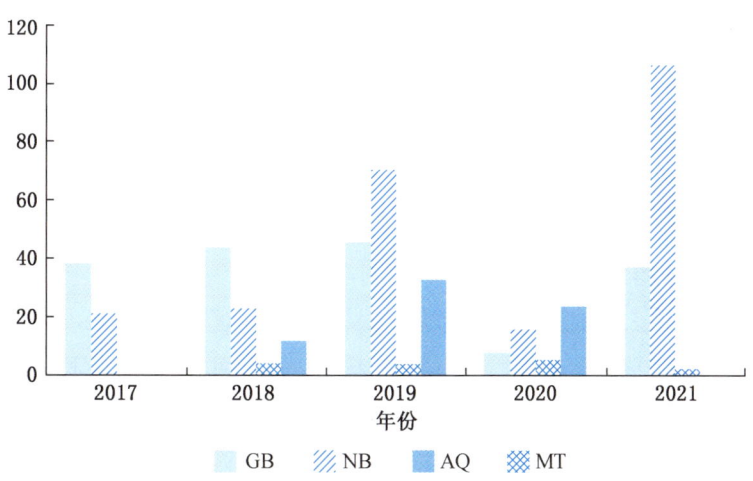

图 8-3　2017—2021 年煤炭行业标准发布情况

8.6　煤炭科技展望

"十四五"期间，煤炭行业要坚持强化煤炭基础理论研究，聚焦重点领域开展核心技术攻关，推广先进适用技术。

8.6.1　聚焦十大重点领域核心技术攻关

煤炭资源勘查与地质保障。 研究煤系资源与生态环境的空天地一体化协同勘查方法，侏罗纪煤田地层沉积相与构造控水机理，华北型煤田深部煤层底板岩溶水精准探查与防控方法，西南地区岩溶复杂地形条件下高分辨率地球物理探测方法等；研发全数字高密度三维三分量地震技术、矿区地质灾害精准监测预警技术、水文地质三维高精度动态表征技术，采掘工作面地质异常体高精度超前探查技术等。

大型现代化矿井建设。 研发千米深井地层冻结及地面预注浆改性技术，大型矿井井巷工程机械破岩全断面钻进技术，超长定向钻孔为基础的斜井沿轴线冻结技术，复杂地层大断面斜井盾构机掘进技术，韧性为基础材料的地层加固和薄喷支护技术等；研制千米竖井掘进机、千米反井钻机、变径巷道全断面掘进机及掘进机机器人；构建矿井构筑物智能建设及全生命周期智能检测控制体系。

煤炭与共伴生资源协调开采。 深入研究充填开采、无煤柱开采、保水开采、采动围岩大范围超前控制等绿色安全开采技术；研发遗留煤炭资源安全复采技术，复杂难采煤层高效综采技术，煤炭地下气化开采技术，大型露天煤矿强化内排开采技术，煤与油、气、稀贵关键元素等共伴生资源协调开采技术，碎软低渗煤层区地质条件和产能预测评价方法，地面水平井工厂化抽采技术，复杂储层煤层气高效立体抽采技术，深部煤系气一体化共采技术。

煤矿灾害防治。 研发矿井通风系统灾变状态识别及控制技术，突出矿井分级预警及高效防控减灾技术，高瓦斯矿井低透气性煤层瓦斯高效抽采技术，采空区自燃诱发瓦斯爆炸灾害预测预警预控技术，近距离煤层群防灭火技术，矿井爆炸灾区残存火源、顶板垮塌或突出瓦斯逆流等继发性灾害特征识别技术，火区惰化短期有效性判别技术，火灾、突出、冒顶、冲击地压、瓦斯（煤尘）爆炸等多灾害协同防治技术，冲击地压智能预警与共性关键因素防控技术，采掘工作面顶板水害精细控制疏水治理技术，全空间水情水害智能精准监测预警技术，烧变岩区等特殊区域水害防治技术，滑坡灾害智能感知与早期识别技术等。

煤矿智能化与机器人。研发复杂地质条件的工作面智能开采技术，4D-GIS透明地质技术，煤矿5G无线通信技术，井下视频高效处理及AR/VR技术，井下精确定位与设备导航技术，辅助运输系统连续化和无人化技术，智能化无人快速掘进技术，重大危险源智能感知与预警预报技术，高可靠性智能装备（终端）技术，煤矿机器人路径规划与长时供电技术，露天开采无人化连续作业技术，煤炭智能化采样检测技术，矿井机电设备在线监测与诊断维护技术等。

煤炭清洁高效加工。研发高硫、高氯、高氟煤分选新技术与新工艺，湿法全重介选煤设备智能控制技术，干法选煤智能化工艺技术，微细粒难选煤泥强化重力场高效分级分选技术，煤岩深度解离与高效富集技术装备，煤矿井下大型智能分选排矸装备，大型智能选煤厂关键传感、闭环控制和辅助决策技术与系统等。

煤炭高效转化利用。研发低阶煤大型分质分级转化技术及装备，超临界煤气化、加氢煤气化、催化气化等新型煤气化技术，煤炭温和加氢直接液化和间接液化耦合新工艺及催化剂技术，煤炭液化制取特种油品、富氧油品添加剂技术，高可靠性余热回收技术，高温煤气深度除尘净化技术，液化残渣综合利用技术，煤耦合甲烷等离子体合成乙烯、乙炔技术，高效高选择性乙烯、丙烯灵活调控的甲醇制烯烃催化剂、反应器及工艺，多污染物联合精确控制和脱除技术，低能耗CO_2捕集、封存及碳循环利用技术。

煤矿职业危害防治。研发粉尘在线高精度感知技术，高通量气水两相流云雾产生与喷嘴布控技术，采掘工作面产尘源有效控制技术，矿井高温热害高性价比防治技术及个人防护装备，作业现场噪声消除技术，职业危害研判与快速筛查技术，职业危害分级防护技术，职业病危害信息化监管云平台技术等。

煤矿应急救援。研发矿山灾害救援信息化技术与智能决策系统，矿山应急救援通信技术装备，灾后救援快速自组网技术装备，矿灾应急救援智能专业服务机器人，复杂环境水陆两栖侦检机器人，灾后多维度生命保障技术装备，井下坍塌松散体快速构建救援通道技术，地面快速构建救援通道技术，矿山应急救援综合培训演练系统等。

资源综合利用与生态保护。研发矿区水环境保护与水资源一体化利用技术，高矿化度矿井水净化和利用技术，矿区煤矸石等固废资源化利用与污染防治技术，矸石山综合治理技术，采煤沉陷区治理及土地利用技术，矿区土壤改良技术，低浓度瓦斯高效提浓技术，超低浓度乏风瓦斯销毁和余热利用技术，闭坑矿井地下空间资源开发与维护技术，共伴生矿产资源和稀贵关键元素无害化利用技术，矿区生态环境管理信息化技术等。

8.6.2 强化八个方面先进适用技术推广

"十四五"期间，大力加强先进适用技术推广，促进科技成果规模化转化应用。

煤矿地质保障方面，重点推广高精度高密度全数字三维地震勘探、复杂地质构造槽波地震探测、地理信息系统与遥感遥测资源勘测、掘进巷道超前定向长钻孔探查等先进适用技术。

现代化矿井建设方面，重点推广"一扩成井"软岩地层钻井法凿井、导井竖井掘进机凿井、定向控斜大直径反井钻井凿井、多圈孔深厚冲积层控制冻结等先进适用技术。

煤炭绿色高效开采方面，重点推广掘支运一体化全断面岩巷掘进、无煤柱自成巷110/N00工法、直角拐弯大功率重型刮板输送机、矿用新能源防爆无轨胶轮辅助运输等先进适用技术。

煤层气开发利用方面，重点推广煤层气抽采地面远距离自动控制钻进、煤矿井下大功率定向钻进、煤矿井下水力压裂增透、低浓度瓦斯发电等先进适用技术。

煤矿安全方面，重点推广煤矿水害区域治理地面超前注浆加固、矿井通风智能决策与远程控制、煤层可变径造穴卸压增透一体化、露天煤矿边坡合成孔径雷达监测预警等先进适用技术。

煤炭加工与清洁利用方面，重点推广干法矿物高效分离、高硫煤矸石高密度重介分选硫精砂、煤泥循环流化床洁净燃烧利用、工业和民用兰炭清洁替代等先进适用技术。

资源综合利用与生态保护方面，重点推广采煤沉陷区土地复垦与农业生态再塑、西部干旱半干旱煤矿区土地微生物修复、煤矿矿井水深度处理、矿井乏风源和矿井水源余热综合利用等先进适用技术。

煤矿智能化与机器人方面，重点推广智能无人综采工作面、井下智能巡检机器人、智能煤矸分选机器人、基于UWB的井下精确定位等先进适用技术。

附表1 2021年中国煤炭产业政策

序号	名称	发布单位	时间
1	关于加快建立健全绿色低碳循环发展经济体系的指导意见（国发〔2021〕4号）	国务院	2021年2月2日
2	中华人民共和国国民经济和社会发展第十四个五年规划和二〇三五年远景目标纲要	十三届全国人大四次会议通过	2021年3月11日
3	中华人民共和国安全生产法（2021修订版）	十三届全国人大常委会第二十九次会议通过	2021年6月10日
4	关于完整准确全面贯彻新发展理念做好碳达峰碳中和工作的意见	中共中央、国务院	2021年9月22日
5	黄河流域生态保护和高质量发展规划纲要	中共中央、国务院	2021年10月8日
6	2030年前碳达峰行动方案（国发〔2021〕23号）	国务院	2021年10月24日
7	设立支持煤炭清洁高效利用专项再贷款	国务院常务会议	2021年11月17日
8	《煤矿冲击地压感知数据接入细则（试行）》《煤矿水害防治感知数据接入细则（试行）》《煤矿重大设备感知数据接入细则（试行）》	国家矿山安监局	2021年1月6日
9	生产安全事故防范和整改措施落实情况评估办法	国务院安全生产委员会办公室	2021年3月3日
10	关于"十四五"大宗固体废弃物综合利用的指导意见	国家发展改革委、科技部、工业和信息化部、财政部、自然资源部、生态环境部等九部委	2021年3月18日
11	《煤矿生产能力管理办法》《煤矿生产能力核定标准》	应急管理部、国家矿山安监局、国家发展改革委、国家能源局	2021年4月27日
12	矿山安全生产举报奖励实施细则（试行）	国家矿山安监局	2021年5月12日
13	矿山重大隐患调查处理办法（试行）	国家矿山安监局	2021年5月25日

附表1（续）

序号	名称	发布单位	时间
14	煤矿智能化建设指南（2021年版）	国家能源局、国家矿山安监局	2021年6月5日
15	能源领域5G应用实施方案	国家发展改革委、国家能源局、中央网信办、工业和信息化部	2021年6月7日
16	完善能源消费强度和总量双控制度方案	国家发展改革委	2021年9月11日
17	矿山安全生产领域"证照分离"改革实施方案	国家矿山安监局	2021年9月30日
18	煤矿防灭火细则	国家矿山安监局	2021年10月12日
19	推进资源型地区高质量发展"十四五"实施方案	国家发展改革委、财政部、自然资源部	2021年11月5日
20	"十四五"支持老工业城市和资源型城市产业转型升级示范区高质量发展实施方案	国家发展改革委、科技部、工业和信息化部、自然资源部、国家开发银行	2021年11月19日
21	"十四五"特殊类型地区振兴发展规划	国家发展改革委	2021年11月26日

附表2　2020—2021年中国各省规模以上企业原煤产量　　亿t

序号	省（自治区、直辖市）	2020年产量	2021年产量
1	山西省	10.63	11.93
2	内蒙古自治区	10.06	10.39
3	陕西省	6.79	7.00
4	新疆维吾尔自治区	2.66	3.20
5	贵州省	1.19	1.31
6	安徽省	1.11	1.13
7	山东省	1.09	0.93
8	河南省	1.05	0.93
9	宁夏回族自治区	0.82	0.86
10	黑龙江省	0.52	0.60
11	云南省	0.53	0.58
12	河北省	0.50	0.46
13	甘肃省	0.39	0.42
14	辽宁省	0.31	0.31
15	四川省	0.22	0.19
16	青海省	0.11	0.11
17	吉林省	0.10	0.09
18	江苏省	0.10	0.09

附表 2（续）　　　　　　　　　　　　　　　　　　　　　　　　　　　　亿 t

序号	省（自治区、直辖市）	2020 年产量	2021 年产量
19	湖南省	0.11	0.07
20	福建省	0.07	0.05
21	广西壮族自治区	0.02	0.03
22	江西省	0.03	0.02
23	湖北省	0.004	0.003

附表 3　2021 年中国前十位企业煤炭产量　　　　　　　　　　　　　　亿 t

序号	企 业 名 称	产 量
1	国家能源集团	5.705
2	晋能控股集团	3.839
3	山东能源集团	2.552
4	中煤能源集团	2.468
5	陕煤化工集团	2.101
6	山西焦煤集团	1.742
7	潞安化工集团	0.981
8	华能集团	0.866
9	国家电投集团	0.772
10	淮河能源集团	0.743

附表 4　2020—2021 年世界及前十位国家煤炭产量　　　　　　　　　亿 t

序号	国 别	2020 年	2021 年
	世界	77.42	78.89
1	中国	39.02	41.30
2	印度	7.57	8.04
3	美国	4.85	5.25
4	澳大利亚	4.77	4.14
5	印度尼西亚	5.62	6.14
6	俄罗斯	4.00	4.37
7	南非	2.48	2.15
8	哈萨克斯坦	1.13	1.16
9	德国	1.07	0.58
10	波兰	1.01	1.07

附表5 2019年世界主要产煤国煤矿安全状况

序号	国别	事故死亡人数	百万吨死亡率
1	中国	178	0.043
2	印度	51	0.07
3	美国	11	0.017
4	澳大利亚	3	0.005
5	俄罗斯	15	0.034
6	南非	7	0.028
7	德国	0	0
8	波兰	16	0.133

注：中国为2021年数据。

附表6 2021年发布的煤炭领域国家标准（GB）

序号	国家标准编号	标准名称	代替标准	实施日期
1	GB/T 35060.4—2021	滚筒采煤机通用技术条件 第4部分：电气控制系统		2021-10-01
2	GB/T 39769—2021	焦炭中各种形态硫的测定方法		2021-10-01
3	GB/T 39833—2021	煤的燃烧特性测定方法 一维炉法		2021-10-01
4	GB/T 39834—2021	综合机械化膏体袋式充填采煤技术要求		2021-10-01
5	GB/T 39836—2021	煤的燃烧结渣指数测定方法		2021-10-01
6	GB/T 25217.8—2021	冲击地压测定、监测与防治方法 第8部分：电磁辐射监测方法		2021-11-01
7	GB/T 40130—2021	煤矿专门水文地质勘查规范		2021-12-01
8	GB/T 40259—2021	综采工作面支护质量检测技术条件		2021-12-01
9	GB/T 15224.2—2021	煤炭质量分级 第2部分：硫分	GB/T 15224.2—2010	2022-03-01
10	GB/T 19559—2021	煤层气含量测定方法	GB/T 19559—2008	2022-03-01
11	GB/T 40485—2021	煤的镜质体随机反射率自动测定图像分析法		2022-03-01
12	GB/T 40503—2021	选煤厂次生煤泥量的测定方法		2022-03-01
13	GB/T 40545—2021	煤层气井压裂作业导则		2022-03-01
14	GB/T 40546—2021	煤层气井排采工程设计规范		2022-03-01
15	GB/T 40547—2021	煤层气钻完井设计指南		2022-03-01
16	GB/T 40548—2021	煤层气井分层控压合层排采技术规范		2022-03-01

附表6（续）

序号	国家标准编号	标 准 名 称	代 替 标 准	实施日期
17	GB/T 40549—2021	焦炭堆积密度小容器测定方法		2022-03-01
18	GB 40880—2021	煤矿瓦斯等级鉴定规范		2022-05-01
19	GB 40881—2021	煤矿低浓度瓦斯管道输送安全保障系统设计规范		2022-05-01
20	GB/T 40697—2021	第三方煤炭检测管理规范		2022-05-01
21	GB 41022—2021	煤矿瓦斯抽采基本指标		2022-06-01
22	GB/T 41019—2021	矿井水综合利用技术导则		2022-07-01
23	GB/T 41025—2021	煤层气废弃井处置指南		2022-07-01
24	GB/T 41031—2021	液化煤层气		2022-07-01
25	GB/T 41038—2021	气流床水煤浆气化能效计算方法		2022-07-01
26	GB/T 41039—2021	现代煤化工项目设计煤种和校核煤种确定通则		2022-07-01
27	GB/T 41042—2021	煤中有价元素含量分级及应用导则		2022-07-01
28	GB/T 41043—2021	煤与煤层气协调开发效果评价指标及计算方法		2022-07-01
29	GB/T 41044—2021	煤矿区煤层气抽采指南		2022-07-01
30	GB/T 41163—2021	煤矿井下煤层水射流冲击增透工艺设计规范		2022-07-01
31	GB/T 41164—2021	碎软低渗煤层顶板水平井分段压裂技术规范		2022-07-01
32	GB/T 23251—2021	煤化工用煤技术导则	GB/T 23251—2009	2022-07-01
33	GB/T 23810—2021	商品煤质量 直接液化用煤	GB/T 23810—2009	2022-07-01
34	GB/T 25210—2021	商品煤质量 中低温热解用煤	GB/T 25210—2010	2022-07-01
35	GB/T 29722—2021	商品煤质量 气流床气化用煤	GB/T 29722—2013	2022-07-01
36	GB/T 31428—2021	煤化工术语	GB/T 31428—2015	2022-07-01
37	GB/T 34273—2021	煤液化柴油十六烷指数计算法 四变量公式法	GB/T 34273—2017	2022-07-01

附表7 2021年发布的煤炭行业标准（NB）

序号	标准编号	标 准 名 称	代替标准	实施日期
1	NB/T 10515—2021	露天煤矿建矿安装工程质量验收标准		2021-04-01
2	NB/T 10516—2021	露天煤矿建矿安装工程质量评价标准		2021-04-01
3	NB/T 10517—2021	露天煤矿建矿安装工程验收资料标准		2021-04-01

附表7（续）

序号	标准编号	标准名称	代替标准	实施日期
4	NB/T 10518—2021	甲醇制烯烃（MTO）水中十七种氧化合物的测定 气相色谱法		2021-04-01
5	NB/T 10519—2021	现代化安全高效绿色露天煤矿评价技术条件		2021-04-01
6	NB/T 10520—2021	现代化安全高效绿色露天煤矿评价规范		2021-04-01
7	NB/T 10521—2021	现代化安全高效绿色露天煤矿建设技术要求		2021-04-01
8	NB/T 10522.1—2021	矿用自动控制防水闸门 第1部分：机械装置		2021-04-01
9	NB/T 10522.2—2021	矿用自动控制防水闸门 第2部分：电液控制系统		2021-04-01
10	NB/T 10522.3—2021	矿用自动控制防水闸门 第3部分：工程设计、施工及验收规范		2021-04-01
11	NB/T 10522.4—2021	矿用自动控制防水闸门 第4部分：操作及维护要求		2021-04-01
12	NB/T 10523.1—2021	滚筒采煤机力学性能测试方法 第1部分：实验室试验		2021-04-01
13	NB/T 10524—2021	综采工作面三机配套性能实验测试方法		2021-04-01
14	NB/T 10525—2021	油页岩干馏炉型号及编制方法		2021-04-01
15	NB/T 10526—2021	煤中铝含量分级		2021-04-01
16	NB/T 10527—2021	煤矿立井井壁注浆施工规范		2021-04-01
17	NB/T 10528—2021	煤矿老空区普查技术规范		2021-04-01
18	NB/T 10529—2021	矿用水冷调速型磁力偶合器		2021-04-01
19	NB/T 10530—2021	滚筒采煤机节能技术方法		2021-04-01
20	NB/T 10531.1—2021	悬臂式掘进机节能技术方法 第1部分：纵轴式掘进机		2021-04-01
21	NB/T 10532—2021	露天煤矿土地复垦质量监测技术规程		2021-04-01
22	NB/T 10533—2021	采煤沉陷区治理技术规范		2021-04-01
23	NB/T 10534—2021	煤矿用压缩式制冷装置		2021-04-01
24	NB/T 10535—2021	煤矿用激光测距仪		2021-04-01
25	NB/T 10536—2021	矿用窥视仪		2021-04-01
26	NB/T 10537—2021	矿用显示器		2021-04-01
27	NB/T 10538—2021	矿用虹膜识别仪		2021-04-01

附表7（续）

序号	标准编号	标准名称	代替标准	实施日期
28	NB/T 10539—2021	矿用隔爆型变流变电站		2021-04-01
29	NB/T 10540—2021	矿用提升机载荷监测装置		2021-04-01
30	NB/T 10541—2021	矿用流量传感器		2021-04-01
31	NB/T 10542—2021	煤矿采煤工作面地质构造探测方法地震波衰减成像法		2021-04-01
32	NB/T 10543—2021	TYBP系列矿用隔爆型永磁同步变频电动机（机座号355～450）		2021-04-01
33	NB/T 10544—2021	矿用拾音器		2021-04-01
34	NB/T 10545—2021	矿用光纤寻障仪		2021-04-01
35	NB/T 10546—2021	煤矿用乙烯传感器		2021-04-01
36	NB/T 10547—2021	矿用隔爆型电力液压推动器		2021-04-01
37	NB/T 10548—2021	矿用隔爆型线缆卷筒装置		2021-04-01
38	NB/T 10549—2021	采煤工作面底板注浆效果直流电阻率法探测方法		2021-04-01
39	NB/T 10550—2021	复杂矿井底板突水微震与电法耦合监测预警方法		2021-04-01
40	NB/T 10551—2021	煤矿沉陷区水底地形测量数据三维建模技术规范		2021-04-01
41	NB/T 10552—2021	小型洁净型煤水暖炉技术条件		2021-04-01
42	NB/T 10553—2021	固硫洁净型煤		2021-04-01
43	NB/T 10554—2021	无煤柱自成巷110工法规范		2021-04-01
44	NB/T 10555—2021	煤矿瓦斯蓄热式氧化炉预热矿井进风技术规范		2021-07-01
45	NB/T 10556—2021	顺层钻孔预抽煤巷条带瓦斯防突措施效果评价方法		2021-07-01
46	NB/T 10717—2021	矿山压力监测系统通用技术条件		2022-02-16
47	NB/T 10718—2021	矿用皮带秤		2022-02-16
48	NB/T 10719—2021	煤炭产量监测主站		2022-02-16
49	NB/T 10720—2021	煤矿用摄像仪		2022-02-16
50	NB/T 10721—2021	煤矿用云台		2022-02-16
51	NB/T 10722—2021	矿井漏泄通信系统通用技术条件		2022-02-16
52	NB/T 10723—2021	矿井透地通信系统通用技术条件		2022-02-16
53	NB/T 10724—2021	煤矿用无线电频段		2022-02-16

附表7（续）

序号	标准编号	标准名称	代替标准	实施日期
54	NB/T 10725—2021	煤矿用电工电子产品电磁兼容性要求及试验方法		2022-02-16
55	NB/T 10726—2021	煤矿膏体充填管道输送工艺要求		2022-02-16
56	NB/T 10727—2021	煤矿膏体充填开采技术规范		2022-02-16
57	NB/T 10728—2021	煤矿膏体充填留巷开采技术规范		2022-02-16
58	NB/T 10729—2021	煤矿巷道支护用金属网通用技术条件		2022-02-16
59	NB/T 10730—2021	煤矿井下断层导水性探查与治理技术规范		2022-02-16
60	NB/T 10731—2021	煤矿井下防水密闭墙设计施工及验收规范		2022-02-16
61	NB/T 10732—2021	煤基烧烤炭		2022-02-16
62	NB/T 10733—2021	煤基洁净型炭		2022-02-16
63	NB/T 10734—2021	煤炭可控源音频大地电磁测深法技术规程		2022-02-16
64	NB/T 10735—2021	煤矿特殊钻井规程		2022-02-16
65	NB/T 10736—2021	煤泥干燥工艺系统能耗测试方法		2022-02-16
66	NB/T 10737—2021	煤泥干燥系统干燥强度计算方法		2022-02-16
67	NB/T 10738—2021	覆岩隔离注浆充填浆液压实与泌水特性测试方法		2022-02-16
68	NB/T 10739—2021	井工煤矿辅助运输安全管理规范		2022-02-16
69	NB/T 10740—2021	露天煤矿大型卡车运行日常安全检查规程		2022-02-16
70	NB/T 10741—2021	露天煤矿大型卡车运行安全测试规范		2022-02-16
71	NB/T 10742—2021	智能化综采工作面设计规范		2022-02-16
72	NB/T 10743—2021	智能化综采工作面验收规范		2022-02-16
73	NB/T 10744—2021	选煤用浮选药剂安全使用管理要求		2022-02-16
74	NB/T 10745—2021	选煤用浮选药剂通用技术条件		2022-02-16
75	NB/T 10746—2021	煤矿井下爆破监控系统使用与管理规范		2022-02-16
76	NB/T 10747—2021	煤矿井下爆破监控系统通用技术条件		2022-02-16
77	NB/T 10748—2021	煤矿环境隐患排查与风险预控管理规程		2022-02-16
78	NB/T 10749—2021	煤化工企业土壤污染隐患排查管理规程		2022-02-16
79	NB/T 10750—2021	煤矿高压大流量乳化液泵站系统性能测试方法		2022-02-16

附表 7（续）

序号	标准编号	标准名称	代替标准	实施日期
80	NB/T 10751—2021	矿用往复式气动注浆泵		2022-02-16
81	NB/T 10752—2021	矿井救援用钻孔通信装置		2022-02-16
82	NB/T 10753—2021	煤矿在用带式输送机安全检测检验规范		2022-02-16
83	NB/T 10754—2021	矿用整流器		2022-02-16
84	NB/T 10755—2021	煤矿在用架空乘人装置定期安全检测检验规范		2022-02-16
85	NB/T 10756—2021	煤矿在用无轨胶轮车安全检测检验规范		2022-02-16
86	NB/T 10757—2021	矿用泡沫降尘装置		2022-02-16
87	NB/T 10758—2021	织物增强排水软管及软管组合件		2022-02-16
88	NB/T 10759—2021	矿用水位控制器		2022-02-16
89	NB/T 10760—2021	矿用设备地面通电试验安全规程		2022-02-16
90	NB/T 10761—2021	煤矿综合机械化固体充填与垮落协同采煤法技术要求		2022-02-16
91	NB/T 10850—2021	煤矿井下强制增渗工程设计规范		2022-06-22
92	NB/T 10851—2021	煤矿井下水力压裂增渗效果及有效范围探测评价方法		2022-06-22
93	NB/T 10852—2021	煤矿采动稳定区煤层气开发储量评估和片区优选方法		2022-06-22
94	NB/T 10853—2021	煤矿采动区煤层气地面抽采井群技术规范		2022-06-22
95	NB/T 10854—2021	煤矿瓦斯综合治理会诊评估方法		2022-06-22
96	NB/T 10855—2021	煤矿瓦斯蓄热式氧化装置发电技术规范		2022-06-22
97	NB/T 10856—2021	煤矿井下超高压水力割缝作业技术规范		2022-06-22
98	NB/T 10884—2021	煤层气集输用埋地聚乙烯（PE）管材与管件		2022-03-22
99	NB/T 10885—2021	煤层气井固井施工设计及作业规程		2022-03-22
100	NB/T 10886—2021	煤矿采空区地面钻井作业规程		2022-03-22
101	NB/T 10887—2021	煤层气藏开发效果评价技术规范		2022-03-22
102	NB/T 10888—2021	煤的高压等温吸附试验方法 重量法		2022-03-22
103	NB/T 10889—2021	利用型煤进行水基压裂液伤害评价的方法		2022-03-22
104	NB/T 10890—2021	煤层气水平井完井冲洗设计规范		2022-03-22
105	NB/T 10891—2021	煤层气L型水平井钻完井设计规范		2022-03-22

附表7（续）

序号	标准编号	标准名称	代替标准	实施日期
106	NB/T 10892—2021	煤层气开采生态保护技术要求		2022-03-22
107	NB/T 10893—2021	煤层气大倾角顺煤层井钻井设计规范		2022-03-22

附表8　2021年发布的煤炭行业标准（AQ）

序号	标准编号	标准名称	代替标准	实施日期
1	AQ/T 1118—2021	矿山救援培训大纲及考核规范		2022-03-01
2	AQ/T 1009—2021	矿山救护队标准化考核规范		2022-03-01

参 考 文 献

[1] 国家统计局.中华人民共和国 2021 年国民经济和社会发展统计公报[EB/OL].(2022-02-28)[2022-03-18].http://www.stats.gov.cn/tjsj/zxfb/202202/t20220227_1827960.html.

[2] 国家统计局能源统计司.中国能源统计年鉴:2020[M].北京:中国统计出版社,2021.

[3] 自然资源部.中国矿产资源报告(2021)[EB/OL].(2021-11-27)[2022-03-16].https://www.mnr.gov.cn/sj/sjfw/kc_19263/zgkczybg/202111/P020211105382623655125.pdf.

[4] 中商情大数据.2021 年中国煤炭行业运行情况总结及 2022 年行业走势预测[EB/OL].(2022-01-20)[2022-03-18].https://baijiahao.baidu.com/s?id=1724402615477481130.

[5] 陆成宽.153 处符合条件的煤矿列入应急保供名单[N/OL].科技日报,2021-10-23[2022-03-18].http://m.stdaily.com/index/kejixinwen/2021-10/21/content_1227325.shtml.

[6] 周程.2022 年全国各省煤炭行业这样干![N/OL].中国能源报,2022-02-16[2022-03-18].https://www.ccement.com/news/content/24979849451425001.html.

[7] 矿山智能化建设取得新进展,全国智能化采掘工作面已达 813 个[N].中国矿业报,2022-3-17(1).

[8] 约束与鼓励并进!盘点 2021 年那些与煤炭相关的政策[N/OL].中国煤炭报,2021-12-10[2022-04-11].https://view.inews.qq.com/a/20211208A04HSP00.

[9] 2021 煤炭行业十大新闻[N].中国煤炭报,2021-12-30(1).

[10] 新浪财经.中央经济工作会议定调"双碳"发展 推动能耗"双控"向碳"双控"转变[N/OL].2021-12-16[2022-03-18].http://finance.sina.com.cn/jjxw/2021-12-16/doc-ikyakumx4476521.shtml.

[11] 《中国矿业》矿业综述.2021 年国内外油气资源形势分析及展望[EB/OL].(2021-12-10)[2022-03-18].https://baijiahao.baidu.com/s?id=1725699767592056390&wfr=spider&for=pc.

[12] 中国电力企业联合会.2021—2022 年度全国电力供需形势分析预测报告[EB/OL].(2022-01-27)[2022-04-18].https://www.cec.org.cn/detail/index.html?3-306171.

[13] 国家矿山安全监察局.2021 年全国矿山安全生产形势稳定向好[EB/OL].(2022-01-09)[2022-03-18].https://www.chinamine-safety.gov.cn/xw/mkaqjcxw/202201/t20220109_406496.shtml.

[14] 国家矿山安全监察局.全国矿山安全生产工作会议在京召开[EB/OL].(2022-01-09)[2022-03-18].https://www.chinamine-safety.gov.cn/xw/mkaqjcxw/202201/t20220109_406495.shtml.

[15] 国家煤矿安全监察局.全国煤矿智能化采掘工作面达 687 个[EB/OL].(2021-12-30)[2022-03-18].https://www.chinamine-safety.gov.cn/xw/mkaqjcxw/202112/t20211230_405896.shtml.